上海新花卉

主编 蔡友铭 胡永红

上海科学技术出版社

图书在版编目（CIP）数据

上海新花卉 / 蔡友铭，胡永红主编. -- 上海：上海科学技术出版社，2022.1
ISBN 978-7-5478-5595-9

Ⅰ. ①上⋯ Ⅱ. ①蔡⋯ ②胡⋯ Ⅲ. ①花卉－种植业－产业发展－研究－上海 Ⅳ. ①F326.13

中国版本图书馆CIP数据核字(2021)第256109号

内 容 提 要

  本书简要介绍了上海花卉产业发展的历史与现状，总结了花卉产业取得的主要成就和实践经验。按多年生草本花卉、一二年生草本花卉、球根花卉、观赏草、多肉花卉、木本花卉和水生花卉共七大类群，重点介绍自2010年上海世界博览会后至今，适应上海地区的100科580种和种下分类单元（含品种）的新优花卉的分类、形态特征、生态习性和栽培应用。书中还展示了上海近年来在花卉应用形式上的创新成果和应用场景。本书图文并茂，内容新颖，可为城乡绿地系统等花卉应用提供参考，适合花卉从业者、花卉爱好者、园林设计人员、园艺工作者和花卉行业管理者，以及植物研究者阅读。

上海新花卉

主编 蔡友铭　胡永红

上海世纪出版(集团)有限公司
上海科学技术出版社　出版、发行
（上海市闵行区号景路159弄A座9F-10F）
邮政编码201101　www.sstp.cn
上海中华商务联合印刷有限公司印刷
开本 889×1194　1/16　印张 17.25
字数 500千字
2022年1月第1版　2022年1月第1次印刷
ISBN 978-7-5478-5595-9 / Q·69
定价：248.00元

本书如有缺页、错装或坏损等严重质量问题，请向印刷厂联系调换

编委会

主　编　蔡友铭　胡永红

副主编　张永春　黄卫昌　钱海忠　黄建荣　池　坚

编　委（以姓氏拼音排序）
蔡友铭　陈纪巍　陈敏敏　池　坚　付乃峰　顾俊杰　胡永红　黄建荣
黄卫昌　姜　武　蒋　云　李青竹　李秋静　李　心　林　丹　刘凤栾
刘　炤　陆文敏　钱海忠　申瑞雪　沈　强　田娅玲　屠　莉　王　晖
王连军　王培宏　王　琦　王生泉　王习习　王　桢　王正伟　夏　芸
肖　博　肖月娥　许俊旭　杨　宽　杨柳燕　叶　康　殷丽青　尤黎明
于忠正　虞莉霞　张　平　张宪权　张晓琳　张亚利　张　颖　张永春
周丹燕　周　琳　周翔宇　朱　娇　朱军杰

照片提供
包睿洁　陈夕雨　储　艳　付乃峰　胡　真　黄卫昌　姜　武　蒋　云
刘凤栾　刘　炤　倪超英　申瑞雪　沈戚懿　唐继荣　田娅玲　王　晖
王连军　王　琦　王昕彦　王正伟　肖月娥　杨　宽　叶剑秋　叶　康
殷丽青　虞莉霞　张　平　张宪权　张知秋　周丹燕　周　琳　周翔宇
朱仁斌

前　言

作为人类生存和发展的物质基础，地球上的植物资源为人类社会和经济可持续发展提供了根本保障。全世界现存约 391 000 种维管植物，其中我国约有 35 856 种维管植物（约占世界维管植物总数的 9.2%）。我国作为世界上重要的植物多样性中心，是世界栽培植物的五大起源中心之一，拥有的花卉数目超过 7 500 种。

我国上古时期并无"花"这个字，而表示"花"这个意义的字是"華（华）"。《尔雅·释草》写道："木谓之华，草谓之荣。"由此可见，人们对"花卉"的理解晚于在生产和生活中对植物资源的探索和利用。花卉是大自然的结晶，具有独特的自然属性和人文属性，在古今中外的社会生活中扮演了重要的角色。

上海花卉产业发展的历程可以说是中国近现代花卉产业发展史的缩影，不仅具有中国特色的花卉传承和记忆，还兼具东西方花卉文化的交融和碰撞。赏心悦目的花卉曾是散落在民间的"奢侈品"，也曾是"改革、开放、搞活"方针指引下的"小类商品"，而其转变为"大众消费品"也就是近 40 年的事。上海作为国际化大都市，一直勇开风气之先、走在时代前列，把提升城市环境品质、增强城市国际竞争力作为发展理念。在推进城市化的过程中，上海大力发展城市林业和生态园林建设，将森林覆盖率由原来的 3.17% 提高到 18.49%（"十三五"末期），绿地面积净增加近 1 000 平方千米，改善了生态环境，丰富了城市空间。

2010 年成功举办的上海世界博览会（下称世博会），紧扣"城市让生活更美好"的主题，不仅实现了本市老工业基地的转型发展，而且打造了世界超大型城市发展的时代样板。在世博会的很多国家场馆布置中，多样的花卉种类和美丽宜人的花卉搭配形式经常起到画龙点睛的作用。具有悠久历史和广泛物质及文化基础的花卉已成为上海新风貌的重要元素，也是世博会浓墨重彩的一笔。世博会期间，花草树木的种类和品质，以及其应用的形式都有了创新和突破：不仅有传统的草本植物和花灌木，还有体现各国风情的奇花异草；不但有传统的鲜切花、盆花、家庭园艺等小微景观，更有代表城市未来宜居环境的大型立体绿化、屋顶绿化。上海世博会广泛应用了一大批新型花卉，谱写了上海城市生态环境建设由绿化为主向美化转变的华丽篇章，成为上海花卉产业新征程的起点。

"新花卉"的范围一般包括：新发现的花卉种或属；处于野生状态，尚未开发应用的花卉种类；原来已有栽培，但后来长期被遗忘或没有详尽的栽培资料，而目前又重新被发现和应用的花卉种类；其他国家（或地区）有栽培但尚未引种到本国（或本地区）栽培的花卉种类。我国一般将"中国新花卉"定义为：中国原产的、具有较高观赏价值，但尚未用于商品生产的野生花卉和栽培花卉，以及刚从国外引种或尚未正式引种的花卉种类。

从 2010 年至今的 10 余年来，上海花卉产业的创新和发展主要表现在 4 个方面：① 实现了花卉园艺新品种引种和野生花卉资源收集选育的并举。一方面，积极引种现代园艺品种，丰富鲜切花、盆栽、花坛、花境的花卉品种，以及垂直绿化、环境建设等新型植物材料，如绣球、月季、芍药、洋桔梗。另一方面，大力开展野生花卉资源的收集和系统评价，进行适应性鉴定和遗传多样性分析，从中选育优良种质资源和原生材料，开展提纯复壮、自主培育和配套栽培技术开发，拥有了更多新花卉，如石蒜、朱顶红、白及、报春花、鼠尾草的自主知识产权。② 全社会对生态环境的"美化、彩化"需求促进了花卉的新发展。这犹如在绿色基底上描绘彩色蓝图，稳步推进城市生态环境的提质增效，让城市居民日益享受美丽城市带来的获得感。在最新一轮由"绿化"到"彩化"的上海城市环境升级过程中，花卉产业迎来新发展契机，不断在新材料、新技术、新工艺、新设备等领域取得进展，新应用模式和新市场构建等领域得到巩固和突破。随着社会需求的快速变化，当前的"花卉"概念已不局限于"观赏植物"或"园林植物"，其功效和形式早已超出传统范畴。③ 花卉应用形式取得了新突破。花卉应用是花卉全产业链中的关键环节。尽管上海的建筑环境、气候土壤等立地条件给花卉应用带来极大挑战，但不论是在公园绿地、街头高架，还是在主题花展、家庭园艺和插花艺术中，上海新花卉产业始终保持着推陈出新、精致时尚的潮流。本书第9章展示了上海近年来在花坛、花境、花箱等传统应用领域的创新形式，也列举了新颖的花卉配置和组合形式，如立体花坛、屋顶绿化和花甸案例。④ 建立了新型的上海花卉产业创新体系，持续开展了一系列有关新花卉引种驯化、创新应用、科学普及、政策引导等攻关研究，建设了高效的花卉种苗繁育体系，完善了绿色、生态的优质花卉生产栽培系统。花卉种源始终是花卉创新和持续利用的重要环节，由上海市农业科学院牵头组织花卉龙头企业实施的花卉产业体系攻关专项对上海10余年来的主要花卉科研单位和企业的花卉资源进行了全面梳理和分析，认定了500多种新花卉。本书首次从新花卉的角度，系统介绍其中100个科580种和种下分类单元（含品种）引种成功、市场赞誉度高的新花卉。

本书植物介绍部分按多年生草本花卉、一二年生草本花卉、球根花卉、观赏草、多肉花卉、木本花卉和水生花卉共七大类群分别叙述。各类群以科的拉丁名字母顺序排列；每科中属、种和种下等级也以拉丁名字母为序，分别介绍。植物的拉丁名和中文名原则上以中国自然标本馆（www.cfh.ac.cn）、中国生物物种名录2021版（www.sp2000.org.cn）、RHS园艺数据库为准。

本书书名《上海新花卉》中的"新"还有两个方面的含义。一是在国内花卉著作中，首次创新性地选用APG Ⅳ（"被子植物系统发育研究组"第四版）植物分类系统对书中花卉进行编目。APG Ⅳ系统框架已基本确定，获得植物分类学界的广泛认可，国际上也有花卉学案例，如英国皇家园艺协会的一些著作采用该系统框架进行编目。花卉学一直紧跟植物分类学发展，并与植物生理生态等其他植物学科等互鉴互促。上海有关机构积极运用现代生物技术等新的手段（如基因编辑技术）开展花卉研究，为花卉产业未来的蓬勃发展打下基础、带来先机。二是上海现代花卉业的崛起和发展得益于开放的国际环境，这样的安排有利于对标国际标准和先进水平，促进日益频繁的国内外花卉资源的互换、花卉产品的贸易和国际学术的交流。

10余年来持续发展的上海花卉领域凝聚了各方的力量，新品种、新技术、新材料层出不穷，"产、学、研"相结合壮大了产业链，应用技术的不断创新和普及丰富了城市高品质生活，为上海花卉产业开辟了新篇章。

创造新优势、形成新亮点已成为上海花卉产业常态的追求。2020年12月，上海市印发了《上海市人民政府办公厅关于推进花卉产业高质量发展服务高品质生活的意见》（沪府办〔2020〕72号）。这一指导性的意见必将进一步促进上海新花卉的持续创新和发展，为满足人民对美好生活的向往以及为人类应对全球气候变化、生物多样性保护、人类大健康等世界难题提供上海方案、贡献上海智慧。

10余年的新花卉发展过程历历在目，精彩难忘。然而，由于编者水平和时间有限，难免有遗漏、错误或偏颇之处，敬请领导、专家和同行指正。

编 者

2021年9月20日

目　录

1　上海花卉产业发展历程与展望

上海花卉产业发展历程　002
　开端与起步（中华人民共和国成立前）　002
　探索阶段（1949—1999年）　002
　快速发展阶段（2000—2009年）　003
　快速发展新阶段（2010—至今）　004
上海现代花卉产业体系特色　005
　不断激发现代花卉产业的创新理念　005
　推动花卉基础研究和应用技术的融合　006
　积极打造拉动花卉消费的展示交流平台　007
上海花卉产业发展方向　008
　优化结构，奠定发展基础　008
　创新科技，突出核心要素　008
　构建标准，紧抓关键环节　008
　打造品牌，形成强大推力　008
　重视人才，激发内生动力　008

2　多年生草本花卉

爵床科 Acanthaceae　010
　苞力花 Acanthus mollis　010
　九头狮子草 Dicliptera japonica　011
　翠芦莉 Ruellia simplex　011
伞形科 Apiaceae　012
　高山刺芹 Eryngium alpinum　012
　扁叶刺芹 Eryngium planum　012
夹竹桃科 Apocynaceae　013
　亚洲络石 Trachelospermum asiaticum　013
　蔓长春花 Vinca major　014
天南星科 Araceae　015
　金叶石菖蒲 Acorus gramineus 'Ogan'　015
　红掌 Anthurium andraeanum　016
五加科 Araliaceae　017
　阿尔及利亚常春藤 Hedera algeriensis　017
马兜铃科 Aristolochiaceae　017
　青城细辛 Asarum splendens　017
天门冬科 Asparagaceae　018
　狐尾天门冬 Asparagus densiflorus 'Myersii'　018
　'红星'澳洲朱蕉 Cordyline australis 'Red Star'　018
　玉簪类 Hosta cvs.　019
　阔叶山麦冬 Liriope muscari　020
　'金发女郎'山麦冬 Liriope Pure Blonde ('Lirblonde')　020
　矮麦冬 Ophiopogon japonicus 'Nanus'　021
　黑麦冬 Ophiopogon planiscapus 'Nigrescens'　021
　花叶玉竹 Polygonatum odoratum 'Variegatum'　022
　凤尾兰 Yucca gloriosa　022
阿福花科 Asphodelaceae　023
　山菅兰 Dianella ensifolia　023
　花叶山菅兰 Dianella tasmanica 'Variegata'　023

萱草类 *Hemerocallis* cvs.	024
火炬花 *Kniphofia* × *hybrida*	025
菊科 Asteraceae	026
金盘凤尾蓍 *Achillea filipendulina* 'Gold Plate'	026
蓍 *Achillea millefolium*	026
金球菊 *Ajania pacifica*	027
黄金艾蒿 *Artemisia vulgaris* 'Variegata'	027
菊花 *Chrysanthemum* × *morifolium*	028
大花金鸡菊 *Coreopsis grandiflora*	028
'天堂之门'金鸡菊 *Coreopsis rosea* 'Heaven's Gate'	029
芙蓉菊 *Crossostephium chinense*	029
松果菊 *Echinacea purpurea*	030
梳黄菊 *Euryops pectinatus*	031
大吴风草 *Farfugium japonicum*	031
宿根天人菊 *Gaillardia aristata*	032
'海伦娜'堆心菊 *Helenium autumnale* 'Helena'	032
赛菊芋 *Heliopsis helianthoides*	033
银叶菊 *Jacobaea maritima*	033
大花滨菊 *Leucanthemum maximum*	034
大滨菊 *Leucanthemum* × *superbum*	034
滨菊 *Leucanthemum vulgare*	035
全缘金光菊 *Rudbeckia fulgida*	035
黑心金光菊 *Rudbeckia hirta*	036
蒲棒菊 *Rudbeckia maxima*	037
银香菊 *Santolina chamaecyparissus*	037
艾伦银香菊 *Santolina pinnata* subsp. *neapolitana* 'Sulphurea'	038
荷兰菊 *Symphyotrichum novae-angliae*	038
芳香万寿菊 *Tagetes lemmonii*	039
紫草科 Boraginaceae	039
牛舌草 *Anchusa azurea*	039
大花聚合草 *Symphytum grandiflorum*	040
凤梨科 Bromeliaceae	041
'蓝雨'光萼荷 *Aechmea* 'Blue Rain'	041
'中国红'果子蔓 *Guzmania* 'Catherine'	041
铁兰 *Tillandsia cyanea*	042
'黄金玉扇'莺歌凤梨 *Vriesea* 'Davine'	042
桔梗科 Campanulaceae	043
同瓣花 *Lithotoma axillaris*	043
桔梗 *Platycodon grandiflorus*	044
美人蕉科 Cannaceae	045
美人蕉类 *Canna* cvs.	045
石竹科 Caryophyllaceae	046
康乃馨 *Dianthus caryophyllus*	046
石竹 *Dianthus chinensis*	047
欧石竹 *Dianthus* 'Kahori Pink'	047
鸭跖草科 Commelinaceae	048
安德森紫露草 *Tradescantia* × *andersoniana*	048
白毛鸭跖草 *Tradescantia sillamontana*	049
旋花科 Convolvulaceae	049
银旋花 *Convolvulus cneorum*	049
豆科 Fabaceae	050
紫三叶 *Trifolium repens* 'Purpurascens Quandrifolium'	050
龙胆科 Gentianaceae	050
'岩间钻石'龙胆 *Gentiana scabra* 'Rocky Diamond'	050
鸢尾科 Iridaceae	051
雄黄兰 *Crocosmia* × *crocosmiiflora*	051
射干 *Iris domestica*	052
有髯鸢尾 Bearded Iris	053
花菖蒲 Japanese Iris	054
路易斯安那鸢尾 Louisiana Iris	055
西伯利亚鸢尾 Siberian Iris	055
庭菖蒲 *Sisyrinchium rosulatum*	056
智利豚鼻花 *Sisyrinchium striatum*	056
唇形科 Lamiaceae	057
匍匐筋骨草 *Ajuga reptans*	057
花叶欧活血丹 *Glechoma hederacea* 'Variegata'	057
羽叶薰衣草 *Lavandula pinnata*	058
法国薰衣草 *Lavandula stoechas*	058
银被薄荷 *Mentha longifolia* 'Silver-leaved'	058
巧克力薄荷 *Mentha* × *piperita* f. *citrata* 'Chocolate'	059
凤梨薄荷 *Mentha suaveolens* 'Variegata'	059
金叶牛至 *Origanum vulgare* 'Aureum'	059
橙花糙苏 *Phlomis fruticosa*	060
随意草 *Physostegia virginiana*	060
大花夏枯草 *Prunella grandiflora*	061
凤梨鼠尾草 *Salvia elegans*	061
樱桃鼠尾草 *Salvia greggii*	062
蓝黑鼠尾草 *Salvia guaranitica* 'Black and Blue'	062
墨西哥鼠尾草 *Salvia leucantha*	062
蓝霸鼠尾草 *Salvia* Mystic Spires Blue ('Balsalmisp')	063
迷迭香 *Salvia rosmarinus*	063
天蓝鼠尾草 *Salvia uliginosa*	064
绵毛水苏 *Stachys byzantina*	064
粉花香科科 *Teucrium chamaedrys*	065
水果兰 *Teucrium fruticans*	065
柠檬百里香 *Thymus* × *citriodorus*	066
'杰克'百里香 *Thymus* 'Jekka'	066

花叶宽叶百里香 *Thymus pulegioides* 'Foxley'	066
百合科 Liliaceae	067
台湾油点草 *Tricyrtis formosana*	067
亚麻科 Linaceae	067
宿根亚麻 *Linum perenne*	067
芭蕉科 Musaceae	067
地涌金莲 *Musella lasiocarpa*	067
柳叶菜科 Onagraceae	068
月见草 *Oenothera biennis*	068
山桃草 *Oenothera lindheimeri*	068
美丽月见草 *Oenothera speciosa*	069
兰科 Orchidaceae	070
小白及 *Bletilla formosana*	070
黄花白及 *Bletilla ochracea*	070
白及 *Bletilla striata*	070
芍药科 Paeoniaceae	071
芍药 *Paeonia lactiflora*	071
车前科 Plantaginaceae	072
穗花婆婆纳 *Pseudolysimachion spicatum*	072
'品蓝'卷毛婆婆纳 *Veronica teucrium* 'Royal Blue'	072
白花丹科 Plumbaginaceae	073
阔叶补血草 *Limonium platyphyllum*	073
花荵科 Polemoniaceae	073
丛生福禄考 *Phlox subulata*	073
蓼科 Polygonaceae	074
千叶兰 *Muehlenbeckia complexa*	074
'红龙'蓼 *Persicaria chinensis* 'Red Dragon'	075
红脉酸模 *Rumex sanguineus*	075
报春花科 Primulaceae	076
紫叶过路黄 *Lysimachia congestiflora* 'Midnight Sun'	076
金叶过路黄 *Lysimachia nummularia* 'Aurea'	076
毛茛科 Ranunculaceae	077
杂交铁筷子 *Helleborus* × *hybridus*	077
蔷薇科 Rosaceae	077
委陵菜 *Potentilla chinensis*	077
黄花委陵菜 *Potentilla chrysantha*	078
莓叶委陵菜 *Potentilla fragarioides*	078
芸香科 Rutaceae	078
芸香 *Ruta graveolens*	078
三白草科 Saururaceae	079
鱼腥草 *Houttuynia cordata*	079
虎耳草科 Saxifragaceae	079
落新妇 *Astilbe* × *arendsii*	079
矾根类 *Heuchera* cvs.	080
玄参科 Scrophulariaceae	081
毛地黄钓钟柳 *Penstemon digitalis*	081
美女樱 *Glandularia* × *hybrida*	082
马鞭草科 Verbenaceae	083
柳叶马鞭草 *Verbena bonariensis*	083
姜科 Zingiberaceae	084
艳山姜 *Alpinia zerumbet*	084

3 一二年生草本花卉

爵床科 Acanthaceae	086
嫣红蔓 *Hypoestes phyllostachya*	086
番杏科 Aizoaceae	086
美丽日中花 *Lampranthus spectabilis*	086
苋科 Amaranthaceae	087
雁来红 *Amaranthus tricolor*	087
地肤 *Bassia scoparia*	087
鸡冠花 *Celosia cristata*	088
千日红 *Gomphrena globosa*	089
澳洲狐尾 *Ptilotus exaltatus*	090
夹竹桃科 Apocynaceae	091
长春花 *Catharanthus roseus*	091
菊科 Asteraceae	092
桂圆菊 *Acmella oleracea*	092
藿香蓟 *Ageratum houstonianum*	092
雏菊 *Bellis perennis*	093
金盏菊 *Calendula officinalis*	093
翠菊 *Callistephus chinensis*	094
黄晶菊 *Coleostephus multicaulis*	095
波斯菊 *Cosmos bipinnatus*	095
硫华菊 *Cosmos sulphureus*	096
南非万寿菊 *Dimorphotheca ecklonis*	096
多榔菊 *Doronicum orientale*	097
多榔菊 *Doronicum pardalianches*	097
勋章菊 *Gazania rigens*	098
'金色达科他'苦味堆心菊 *Helenium amarum* 'Dakota Gold'	098
向日葵 *Helianthus annuus*	099

火绒草 *Leontopodium leontopodioides*	100
白晶菊 *Mauranthemum paludosum*	100
黄帝菊 *Melampodium divaricatum*	101
瓜叶菊 *Pericallis × hybrida*	101
万寿菊 *Tagetes erecta*	102
孔雀草 *Tagetes patula*	103
百日草 *Zinnia elegans*	104
凤仙花科 Balsaminaceae	105
新几内亚凤仙 *Impatiens hawkeri*	105
非洲凤仙 *Impatiens walleriana*	106
秋海棠科 Begoniaceae	107
玻利维亚秋海棠 *Begonia boliviensis*	107
四季秋海棠 *Begonia cucullata*	108
球根秋海棠 *Begonia × tuberhybrida*	109
紫草科 Boraginaceae	110
勿忘我 *Myosotis sylvatica*	110
喜林草 *Nemophila menziesii*	110
十字花科 Brassicaceae	111
高加索南芥 *Arabis caucasica*	111
南庭荠 *Aubrieta × cultorum*	111
羽衣甘蓝 *Brassica oleracea* var. *acephala*	112
桂竹香 *Erysimum × cheiri*	114
屈曲花 *Iberis amara*	115
香雪球 *Lobularia maritima*	115
紫罗兰 *Matthiola incana*	116
桔梗科 Campanulaceae	117
风铃草 *Campanula medium*	117
六倍利 *Lobelia erinus*	118
石竹科 Caryophyllaceae	119
山蚤缀 *Arenaria montana*	119
满天星 *Gypsophila paniculata*	119
白花菜科 Cleomaceae	120
醉蝶花 *Cleome hassleriana*	120
旋花科 Convolvulaceae	120
马蹄金 *Dichondra repens*	120
大戟科 Euphorbiaceae	121
禾叶大戟 *Euphorbia graminea*	121
龙胆科 Gentianaceae	121
藻百年 *Exacum tetragonum*	121
牻牛儿苗科 Geraniaceae	122
天竺葵 *Pelargonium × hybridum*	122
苦苣苔科 Gesneriaceae	123
大岩桐 *Sinningia speciosa*	123
唇形科 Lamiaceae	124
彩叶草 *Coleus scutellarioides*	124
朱唇 *Salvia coccinea*	125
一串红 *Salvia splendens*	125
母草科 Linderniaceae	126
夏堇 *Torenia fournieri*	126
千屈菜科 Lythraceae	127
朱红萼距花 *Cuphea llavea*	127
水卷耳科 Montiaceae	127
露薇花 *Lewisia cotyledon*	127
柳叶菜科 Onagraceae	128
古代稀 *Clarkia amoena*	128
罂粟科 Papaveraceae	129
冰岛虞美人 *Papaver nudicaule*	129
车前科 Plantaginaceae	130
金鱼草 *Antirrhinum majus*	130
假马齿苋 *Bacopa monnieri*	132
柳穿鱼 *Linaria maroccana*	132
白花丹科 Plumbaginaceae	133
海石竹 *Armeria maritima*	133
宽叶海石竹 *Armeria pseudarmeria*	133
马齿苋科 Portulacaceae	134
大花马齿苋 *Portulaca grandiflora*	134
报春花科 Primulaceae	135
欧报春 *Primula vulgaris*	135
毛茛科 Ranunculaceae	136
变色耧斗菜 *Aquilegia caerulea*	136
飞燕草 *Delphinium elatum*	137
欧白头翁 *Pulsatilla vulgaris*	138
花毛茛 *Ranunculus asiaticus*	139
茜草科 Rubiaceae	140
繁星花 *Pentas lanceolata*	140
玄参科 Scrophulariaceae	141
香彩雀 *Angelonia angustifolia*	141
双距花 *Diascia barberae*	142
龙面花 *Nemesia strumosa*	142
茄科 Solanaceae	143
舞春花类 *Calibrachoa* cvs.	143
观赏辣椒 *Capsicum annuum*	144
花烟草 *Nicotiana alata*	146
矮牵牛 *Petunia × atkinsiana*	147
蛾蝶花 *Schizanthus pinnatus*	149
堇菜科 Violaceae	150
角堇 *Viola cornuta*	150
三色堇 *Viola tricolor*	152

4　球根花卉

石蒜科 Amaryllidaceae　156
　北葱 *Allium schoenoprasum*　156
　山韭 *Allium senescens*　156
　朱顶红类 *Hippeastrum* cvs.　157
　春星韭 *Ipheion uniflorum*　158
　水仙 *Narcissus tazetta* var. *chinensis*　159
　黄花葱兰 *Zephyranthes citrina*　159
天南星科 Araceae　160
　马蹄莲类 *Zantedeschia* cvs.　160

天门冬科 Asparagaceae　161
　香雪兰类 *Freesia* cvs.　161
　亚美尼亚葡萄风信子 *Muscari armeniacum*　162
百合科 Liliaceae　163
　郁金香类 *Tulipa* cvs.　163
酢浆草科 Oxalidaceae　165
　关节酢浆草 *Oxalis articulata*　165
　紫叶酢浆草 *Oxalis triangularis* subsp. *papilionacea*　166

5　观赏草

莎草科 Cyperaceae　168
　棕榈叶薹草 *Carex muskingumensis*　168
　金叶薹草 *Carex oshimensis* 'Evergold'　168
禾本科 Poaceae　169
　'卡尔'拂子茅 *Calamagrostis* × *acutiflora* 'Karl Forest'　169
　白穗狼尾草 *Cenchrus alopecuroides* 'White'　169
　观赏谷子 *Cenchrus americanus*　170
　紫叶狼尾草 *Cenchrus* × *cupreus* 'Rubrum'　171
　绒毛狼尾草 *Cenchrus longisetus*　171
　羽绒狼尾草 *Cenchrus setaceus*　171

小盼草 *Chasmanthium latifolium*　172
蒲苇 *Cortaderia selloana*　172
香茅 *Cymbopogon citratus*　173
丽色画眉草 *Eragrostis spectabilis*　173
坡地毛冠草 *Melinis nerviglumis* 'Pink Crystals'　174
细叶芒 *Miscanthus sinensis* 'Gracillimus'　174
粉黛乱子草 *Muhlenbergia capillaris* Regal Mist ('Lenca')　175
柳枝稷 *Panicum virgatum*　175
玉带草 *Phalaris arundinacea*　175
细茎针茅 *Stipa tenuissima*　176

6　多肉花卉

番杏科 Aizoaceae　178
　绿光阳玉 *Lithops euniceae* 'Bellaketty'　178
回欢草科 Anacampserotaceae　178
　红花韧锦 *Anacampseros quinaria*　178
天门冬科 Asparagaceae　179
　龙舌兰 *Agave americana*　179
　虚空藏 *Agave parryi*　180
　'五色万代'龙舌兰 *Agave univittata* 'Quadricolor'　180
　象腿丝兰 *Yucca gigantea*　180
阿福花科 Asphodelaceae　181
　'白妙'万象 *Haworthia truncata* var. *maughanii* 'Shirotae'　181
仙人掌科 Cactaceae　181
　美杜莎星球 *Astrophytum caput-medusae*　182

金琥 *Echinocactus grusonii*　182
仙人掌 *Opuntia dillenii*　182
梨果仙人掌 *Opuntia ficus-indica*　183
黄毛掌 *Opuntia microdasys*　183
仙人镜 *Opuntia phaeacantha*　183
景天科 Crassulaceae　184
　'棱叶'玛丽安水泡 *Adromischus marianae* 'Leaf Edges'　184
　胧月 *Graptopetalum paraguayense*　184
　逆弁庆草 *Petrosedum rupestre*　185
　佛甲草 *Sedum lineare*　185
　薄雪万年草 *Sedum hispanicum*　186
　观音莲 *Sempervivum tectorum*　186
薯蓣科 Dioscoreaceae　186
　南非龟甲龙 *Dioscorea elephantipes*　186

7 木本花卉

五福花科 Adoxaceae …… 188
    布克荚蒾 *Viburnum × burkwoodii* …… 188
漆树科 Anacardiaceae …… 189
    黄栌 *Cotinus coggygria* …… 189
小檗科 Berberidaceae …… 190
    '丰裕'间型十大功劳 *Berberis × hortensis* 'Charity' …… 190
    安坪十大功劳 *Mahonia eurybracteata* subsp. *ganpinensis* …… 190
    火焰南天竹 *Nandina domestica* 'Fire Power' …… 190
忍冬科 Caprifoliaceae …… 191
    大花六道木 *Abelia × grandiflora* …… 191
    '粉云'猬实 *Linnaea amabilis* 'Pink Cloud' …… 192
    葱皮忍冬 *Lonicera ferdinandi* …… 192
    忍冬 *Lonicera japonica* …… 193
    西洋接骨木 *Sambucus nigra* …… 193
    锦带花类 *Weigela* cvs. …… 194
卫矛科 Celastraceae …… 195
    南蛇藤 *Celastrus orbiculatus* …… 195
    卫矛 *Euonymus alatus* …… 195
    扶芳藤 *Euonymus fortunei* …… 196
马桑科 Coriariaceae …… 196
    马桑 *Coriaria napalensis* …… 196
山茱萸科 Cornaceae …… 197
    红瑞木 *Cornus alba* …… 197
胡颓子科 Elaeagnaceae …… 197
    金边埃比胡颓子 *Elaeagnus × submacrophylla* 'Gilt Edge' …… 197
    牛奶子 *Elaeagnus umbellata* …… 198
南鼠刺科 Escalloniaceae …… 198
    '艾维依'南美鼠刺 *Escallonia* 'Iveyi' …… 198
豆科 Fabaceae …… 199
    白刺花 *Sophora davidii* …… 199
    多花紫藤 *Wisteria floribunda* …… 199
    紫藤 *Wisteria sinensis* …… 200
壳斗科 Fagaceae …… 200
    夏栎 *Quercus robur* …… 200
钩吻科 Gelsemiaceae …… 201
    北美钩吻 *Gelsemium sempervirens* …… 201
金缕梅科 Hamamelidaceae …… 201
    蜡瓣花 *Corylopsis sinensis* …… 201
    白缕梅 *Parrotiopsis jacquemontiana* …… 202
绣球科 Hydrangeaceae …… 202
    '冰生'细梗溲疏 *Deutzia gracilis* 'Nikko' …… 202
    '艾丽丝'溲疏 *Deutzia × hybrida* 'Iris Alford' …… 203
    '雪樱花'溲疏 *Deutzia × rosea* Yuki Cherry Blossom ('Ncdx 2') …… 203
    '斑丽'重瓣溲疏 *Deutzia scabra* 'Plena' …… 203
    绣球 *Hydrangea macrophylla* …… 204
金丝桃科 Hypericaceae …… 207
    '天赋异禀'浆果金丝桃 *Hypericum androsaemum* 'Excellent Flair' …… 207
    冬绿金丝桃 *Hypericum calycinum* …… 207
    '格莫'美洲金丝桃 *Hypericum kalmianum* 'Gemo' …… 207
鼠刺科 Iteaceae …… 208
    北美鼠刺 *Itea virginica* …… 208
唇形科 Lamiaceae …… 209
    穗花牡荆 *Vitex agnus-castus* …… 209
    单叶蔓荆 *Vitex trifolia* subsp. *litoralis* …… 210
千屈菜科 Lythraceae …… 210
    紫薇 *Lagerstroemia indica* …… 210
木兰科 Magnoliaceae …… 211
    阔瓣含笑 *Michelia cavaleriei* var. *platypetala* …… 211
    望春玉兰 *Yulania biondii* …… 211
    '红吉星'玉兰 *Yulania × soulangeana* 'Red Lucky' …… 212
    星花玉兰 *Yulania stellata* …… 212
锦葵科 Malvaceae …… 213
    木槿 *Hibiscus syriacus* …… 213
    高砂芙蓉 *Pavonia hastata* …… 213
桃金娘科 Myrtaceae …… 214
    美花红千层 *Melaleuca citrina* …… 214
    垂枝红千层 *Melaleuca viminalis* …… 214
木樨科 Oleaceae …… 215
    北美流苏树 *Chionanthus virginicus* …… 215
    花叶美国金钟连翘 *Forsythia × intermedia* 'Golden Times' …… 215
    日本女贞 *Ligustrum japonicum* …… 216
海桐科 Pittosporaceae …… 216
    '矮生'海桐 *Pittosporum tobira* 'Nanum' …… 216
山龙眼科 Proteaceae …… 217
    桧叶银桦 *Grevillea juniperina* …… 217
蔷薇科 Rosaceae …… 217
    '粉红夫人'华丽木瓜 *Chaenomeles × superba* 'Pink Lady' …… 217
    高峰海棠 *Malus* 'Evereste' …… 218
    湖北海棠 *Malus hupehensis* …… 218
    '路易莎'海棠 *Malus* 'Louisa' …… 218

'草原火'海棠 *Malus* 'Prairiefire'	219	玄参科 Scrophulariaceae	227
'雪球'海棠 *Malus* 'Snowdrift'	219	互叶醉鱼草 *Buddleja alternifolia*	227
'春晖'桃李 *Prunus* × *amygdalopersica* 'Spring Glow'	220	'花之力量'醉鱼草 *Buddleja* 'Flower Power'	227
迎春樱 *Prunus discoidea*	220	省沽油科 Staphyleaceae	228
椿寒樱 *Prunus* × *introrsa*	221	羽叶省沽油 *Staphylea pinnata*	228
河津樱 *Prunus kanzakura* 'Kawazu'	221	安息香科 Styracaceae	228
'郁金'樱 *Prunus serrulata* 'Grandiflora'	222	美洲安息香 *Styrax americanus*	228
染井吉野 *Prunus* × *yedoensis* 'Somei-Yoshino'	222	柽柳科 Tamaricaceae	228
现代月季 *Rosa* cvs.	223	柽柳 *Tamarix chinensis*	228
'重瓣'李叶绣线菊 *Spiraea prunifolia* 'Pleniflora'	226	山茶科 Theaceae	229
无患子科 Sapindaceae	227	束花山茶 *Camellia* (Cluster-flowering Group)	229
'普罗提'红花七叶树 *Aesculus* × *carnea* 'Briotii'	227	瑞香科 Thymelaeaceae	230
		芫花 *Daphne genkwa*	230

8 水生花卉

泽泻科 Alismataceae	232	莲 *Nelumbo nucifera*	236
窄叶泽泻 *Alisma canaliculatum*	232	睡莲科 Nymphaeaceae	237
膜果泽泻 *Alisma lanceolatum*	232	睡莲类 *Nymphaea* cvs.	237
日本慈姑 *Sagittaria trifolia*	232	王莲 *Victoria amazonica*	238
桔梗科 Campanulaceae	233	柳叶菜科 Onagraceae	239
半边莲 *Lobelia chinensis*	233	丁香蓼 *Ludwigia prostrata*	239
莎草科 Cyperaceae	233	车前科 Plantaginaceae	239
萤蔺 *Schoenoplectiella juncoides*	233	中华石龙尾 *Limnophila chinensis*	239
北水毛花 *Schoenoplectus mucronatus*	233	大叶石龙尾 *Limnophila rugosa*	239
金丝桃科 Hypericaceae	234	蓼科 Polygonaceae	240
黄海棠 *Hypericum ascyron*	234	水蓼 *Persicaria hydropiper*	240
水韭科 Isoetaceae	234	雨久花科 Pontederiaceae	240
高寒水韭 *Isoetes hypsophila*	234	白花梭鱼草 *Pontederia cordata* 'Alba'	240
灯芯草科 Juncaceae	234	眼子菜科 Potamogetonaceae	241
灯芯草 *Juncus effusus*	234	蓼叶眼子菜 *Potamogeton polygonifolius*	241
唇形科 Lamiaceae	235	竹叶眼子菜 *Potamogeton wrightii*	241
水薄荷 *Mentha aquatica*	235	槐叶蘋科 Salviniaceae	242
豆科 Leguminosae	235	槐叶蘋 *Salvinia natans*	242
水生含羞草 *Neptunia aquatica*	235	香蒲科 Typhaceae	242
莲科 Nelumbonaceae	236	黑三棱 *Sparganium stoloniferum*	242

9 应用实例

花坛	244	家庭园艺	254
花境	246	花箱	256
花甸	250	立体绿化	258
岩石园	252		

参考文献 260

1 上海花卉产业发展历程与展望

上海花卉产业发展历程

随着国民经济的高速发展,花卉产业已成为我国的一个新兴产业。上海作为全国花卉消费的重点城市,花卉产业发展如火如荼,具有较强的市场底蕴和优势。

其实早在明代,上海就有以供自己欣赏为目的的种花者。到了清代,浦东地区出现了以种花为业的农户,开始了上海的商品性花卉生产。上海开埠通商后,涌入一些国外花卉品种和种植技术,上海的现代花卉产业起步。然后历经一个半世纪的发展,其中包括中华人民共和国成立和改革开放在内的不同历史阶段,上海的现代花卉产业不断壮大(蔡友铭,2021)。

开端与起步(中华人民共和国成立前)

上海专门种植花卉的历史从明代开始(沈罗亚,2009)。据《上海县志》记载,明代时有45种种植的花卉,种植者主要用于自己观赏。直至清乾隆三年(1738年),浦东龙王庙一带凌家花园的农民开始以种植花木为业,将花卉提篮上市售卖,出现了花卉的商品性生产。

鸦片战争以后,上海开埠通商,引进的花卉品种随着外侨的迅速增多而出现并不断增加,花卉的商品化生产也逐渐发展(蔡友铭,2021)。当时,英国、德国和日本的商人及传教士把外国花卉源源不断地引入上海,估计有一百余个花卉品种。同时,西方流行的装饰性花篮、花圈、花束、插花艺术也相继传入。由于西洋的鲜切花花型别致,颜色丰富,经济效益好,吸引了上海近郊一带的花农争相引种,尤其以龙华地区的天钥和张塘、漕河泾地区的桂林和西漕河泾、梅陇地区的牌楼和陇西的花卉产业发展领先。

20世纪30年代初,上海市区有经营性花卉苗圃183家,种植花卉品种179个;种植面积1400余亩(1亩≈666.67平方米),其中崇明的水仙等球根花卉种植面积600余亩。上海最早从国外引种的花卉主要是康乃馨,品种有30多个,通过温室进行栽培(蔡友铭,2021)。

中国第一个现代花店于20世纪三四十年代在上海诞生。当时上海的花卉产品在远东地区都很有名气,已有上海县梅陇乡、闸北区彭浦和高桥区东沟三大花卉产业集中区,其中梅陇以康乃馨等鲜切花生产为主,彭浦则以盆栽菊花生产为主。

抗日战争期间,不少花卉苗圃被毁弃,上海花卉生产开始萎缩。抗日战争胜利后3年,上海工商业逐步恢复生产经营活动,花卉产业也得到一定程度的恢复。近郊的龙华、漕河泾和梅陇等地的花农逐渐增多,有的村几乎全部农户都以种花为生,有条件的人甚至还搭建了温室。

然而到了上海解放前夕,由于本地工商业逐渐萧条,外国人纷纷离沪,花卉销售量减少,花卉生产又趋于萎缩,保留下来的花卉种植面积约1 000亩。

探索阶段(1949—1999年)

中华人民共和国成立后的半个世纪内,上海的花卉生产经历了一个相对缓慢的探索过程(沈罗亚,2009)。

20世纪50年代至60年代中期,上海的花卉生产开始发展,种植的花卉品种繁多。中华人民共和国成立10周年时,上海人民广场举办的百花展在全国引起了轰动。

1965年全市花卉种植面积1 458亩，温室栽培面积49.8亩，生产盆花44.6万盆、鲜切花3 070万支，而且部分已开始用于出口。

"文化大革命"期间，上海的花卉生产受到一些影响。

十一届三中全会后，上海的花卉生产逐步恢复。1980年有13家单位恢复了花卉生产，栽培面积282亩，共生产鲜切花30个品种28万支、盆花80个品种13.1万盆。1984年，上海的花卉栽培面积增至525亩，年产鲜切花600万支、盆花60万盆、观叶植物10万盆和盆景5万盆，销售金额400多万元。其中，出口鲜切花10万支、盆景4万多盆，创汇10万美元。

1985年，上海市花卉协会成立，主管部门为上海市人民政府农业委员会。这一机构的成立，极大地促进了上海花卉产业的发展。同年，中国第一届国际花卉展在上海植物园举办，展示了很多来自荷兰等国的花卉品种，展出效果空前，翻开了中国现代花卉产业发展历史新的一页。之后不久，上海又从日本引种了一些盆景、盆栽植物，国外花卉品种进一步丰富。

从1986年开始，上海市花卉良种试验场、上海花卉联营公司、北桥苗圃等设施和技术先进、引进优良品种的花卉生产基地陆续兴建。1991年，上海成立了第一家中日合资的花卉公司——虹华园艺公司，开启了我国鲜切花出口的先河。

1995年，上海的花卉栽培面积达7 000亩，年产鲜切花2.4亿支、盆花和盆景330万盆。当年除供应本市外，还销往国内20多个省（自治区、直辖市），以及日本、东南亚、北美、西欧等国家和地区。

1997年，原中国农业部和荷兰农业部在上海成立了中荷花卉培训中心，加快了郁金香等球根花卉的示范和推广，同年创办了上海新桥花卉园区。同时，上海的花卉市场开始兴旺，例如建于1997年的精文花市是当时华东最大的鲜花批发市场，年销售鲜切花约35亿枝，占全市花卉年消费量的70%至80%；花店也开始蓬勃发展，涌现出静安花店、华山花店、新艺花行和虹桥花店等具有代表性的花店。随后，上海各区（县）的花卉品种也进一步丰富，例如崇明的唐菖蒲和夜兰香、奉贤的扶郎花。

随着城市的发展，上海的四星级、五星级酒店不断兴起。这些酒店在20世纪末的高级管理者大部分是来自国外的职业经理，具有很强的花卉装饰理念，从而带动了酒店的花卉消费，也促进了当时上海花卉市场的繁荣。同期，年轻人逐步成为花卉的主要消费群体，尤其是情人节、圣诞节、母亲节、七夕节和教师节都带动了节日用花。为了顺应花文化的普及和花卉技术的需求，上海市农林部门与上海市劳动局开展了一系列专业花卉技工的培训，举办插花师职业资格考试。有关部门还通过选送年轻人到国外进修，开阔了从业人员的眼界，提高了技能和素质，为促进上海花卉产业的提升奠定了基础。

由于上海花卉的自然花期与消费高峰通常不能很好地吻合，而本地生产又面临成本较高的难题，在这个阶段的后期，上海花卉企业开始探索"异地生产"的经营格局。上海的一些花卉生产单位逐步转移到外地，成为国内最先到云南和海南开发鲜切花生产的外地企业。其中，最先被选中的地点是云南省昆明市呈贡乡斗南村，上海的花卉生产单位组织当地农民由原来种植烟草改种康乃馨。随着业务的拓展，上海的花卉生产单位又到浙江、安徽、陕西和甘肃进行异地生产，开展种子、种苗和花卉的培育。

快速发展阶段（2000—2009年）

随着人民生活水平的提高，对花卉需求的不断增加，21世纪初上海的花卉生产和消费快速发展。据不完全统计，2000年全市花卉栽培面积达1.09万亩，其中鲜切花种植面积4 890亩，盆栽类种植面积4 800亩；生产鲜切花1.33亿支、盆栽类3 500万盆，花卉产值达1.972 8亿元。在2002年，上海的花卉栽培面积已达2万多亩（不包括观赏苗木和草坪），其中保护地设施面积约占40%；年销售鲜切花约5亿支、盆花6 000多万盆、观叶植物800多万盆、盆景约150万盆和种苗约4 000万株，年销售额10亿多元，年出口创汇 300 多万美元。到了 2007 年，全市花卉栽培面积约 3.2 万亩，有生产经营单位 354 家，年产鲜切花 8.88 亿支、盆花和盆景近 1 亿盆，年销售额 10.32 亿元。

在这 10 年中，上海各区（县）快速搭建特色消费市场，注重错位发展。当时上海有大中型花卉市场 60 多家，集中在崇明、宝山、青浦、松江、嘉定、奉贤、金山、浦东、闵行等郊区（县），有 8 000 多家花卉经销商进驻。其中，比较知名的花卉市场有：松江的新桥花卉苗木交易中心和旺市盛花木市场、浦东的孙桥花木市场、宝山的红阳花木市场、青浦的朱家角镇中国盆景艺术文化村等。此外，上海还有 3 000 多家小型花店。崇明岛由于拥有球根花卉种植生产的独特优势，使水仙成为当时崇明最主要的花卉产品。

快速发展新阶段（2010—至今）

2010 年上海世博会的成功举办，推动了上海花卉产业的结构调整，此后花卉产业总量以每年 30%～40% 的速度增长（蔡友铭，2021）。同时，上海涌现出一大批专业从事花卉生产和科研的企事业单位，在花卉资源引进、保存、规模化繁育及种质创新等方面取得突破性进展。

在 2010 年，上海的花卉栽培面积 4.4 万亩，花卉销售额 30 多亿元，出口创汇超过 2 300 万美元。在 2015 年，据不完全统计，全市生产花卉种苗 10 亿株。到了 2019 年，上海的花卉栽培面积达 6 万亩，生产花卉 15 亿株以上，花卉交易额近 130 亿元。

在此期间，花卉消费已逐渐走进千家万户，成为人们生活中重要的一部分，其中盆栽红掌、盆栽百合等家庭园艺类产品成为赏花的主流。

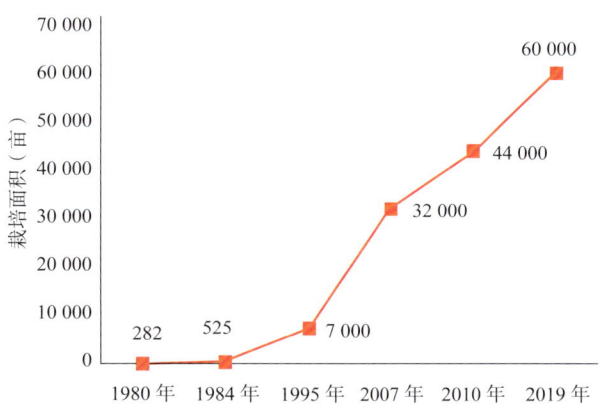

1980—2019 年上海花卉栽培面积变化趋势（引自蔡友铭，2021）

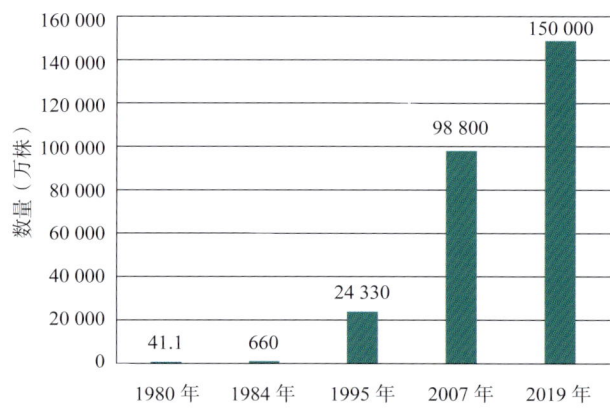

1980—2019 年上海鲜切花和盆花总产量变化趋势（引自蔡友铭，2021）

随着中国（上海）自由贸易试验区（上海自贸区）的建设，特别是在建设世界著名旅游城市的过程中，上海的花卉产业综合实力得到进一步提升。目前，上海的花卉研发和生产水平已处在全国前列，如工厂化育苗等高技术花卉育苗已有自动化生产流水线。在育种上，上海积极借鉴欧美国家先进的分子技术，培育出许多花卉新品种。上海许多花卉企业逐渐从国内产销向国际化方向发展，产品专业化程度越来越高，品牌意识也日益增强。

上海花卉行业还注重知识产权保护意识的培养，相关机构定期开展植物新品种知识产权保护讲座。当面临花卉专业技能型人才的迫切需求时，上海积极通过"请进来，走出去"的模式，提升花卉技能人员的综合素质，提高花卉种植水平和行业信息交流水平。上海市劳动局技能培训中心等联合开展了绿化工、园艺工、插花员等专业人员的技能培训；与日本插花专家联合举办艺术插花表演，传播国外优秀插花大师的经验以及国际流行趋势。

上海现代花卉产业体系特色

截至目前，上海已经形成一批在全国有影响力的花卉企业，有些企业还获得了国家级、市级"农业龙头企业"称号，或荣获国际生产者联盟银奖、铜奖等奖项。上海迄今已构建了较系统的花卉产业技术体系。其中，全市具有代表性的龙头花卉企业和科研院所联合起来，形成了一个结构完整、功能齐全、竞争力强的花卉"产、学、研、用"网络。这个网络既是一个创新联盟，又是一个产业联盟，为上海新一轮花卉产业的快速进步和长远发展凝聚了力量。相关机构将花卉科研列入"科技兴农"项目，在种子种苗、栽培技术、产品开发等方面形成一系列科研成果，先后选育花卉新品种100多个，制定花卉质量（技术）标准50多项（蔡友铭，2021）；在2013年和2017年的中国花卉博览会上，累计获得特等奖、金奖、银奖和铜奖200多项。

上海的花卉产业逐渐形成了自身的特色，主要表现在如下几个方面。

不断激发现代花卉产业的创新理念

上海是国内最早从国外引种现代花卉品种、开设第一家现代花店的城市，开启了我国现代花卉产业发展之路。上海世博会之后，上海花卉产业以"立足上海、面向全国、辐射世界"为目标，努力构建花卉的全产业链，越来越关注产业的比较效益。

上海花卉产业及时把握经济发展梯度转移的规律，实施"研发与市场在内，中间生产在外"的发展战略，在国内对生产的空间格局进行合理配置。借鉴世界先进花卉产业发展的经验，上海一些企业的花卉生产逐步转移到云南等地，利用当地的土地、气候、劳动力资源，组织异地生产，创新了花卉生产经营模式。这不仅促进了上海花卉产业的转型发展，还带动了当地的产业升级和经济发展，提高了当地人民的收入，使之脱贫致富。这种发展模式符合国际流行的"两头在内、一头在外"的趋势和理念，即花卉品种和栽培技术的研发在上海，销售也在上海，而生产在外地。因此，上海花卉产业有很好的经济效益和较强的市场竞争力。

上海的花卉产业发展具有独特的优势，其中之一是作为超大型城市的消费能力。在某种程度上，花卉属于精神消费品，其消费量会随着人们生活水平的提高而与日俱增。上海花卉产业发展的另一个优势是应用形式广泛。随着上海经济和社会的高质量、可持续发展，越来越多的花卉应用新形式出现，日益丰富人们的生活，陶冶人们的情操，美化城市环境。由于具有这两个优势，上海的现代花艺已经越来越普及，人们喜欢通过插花表现自己的个性，消费趋势非常明显。

10余年来，上海大量引种球根和宿根、花坛花、花灌木、多肉植物等花卉类群，其中新优品种5 600多种。通过借鉴欧美国家的花境等应用形式，上海每年在各大公园、绿地开展花坛花境评比，并举办花卉主题展、立体花坛竞赛等活动，极大地推动了花卉在垂直绿化、花坛花境、庭院美化，以及屋顶、窗台和阳台绿化中的应用，有利于"家庭园艺"概念的形成和产业的持续发展。"花海"形式的应用已经成为上海花卉与旅游相结合的产业融合发展新业态，也成为上海现代农业发展的全新领域，从而促进了花卉由单一生产型向产业与应用相结合的服务型转变。高品质的城市生活离不开花卉，繁荣的花卉市场服务了人民高品质的生活。

第十届中国花卉博览会上的首届中国国际花境大赛大奖作品"花境之路"

推动花卉基础研究和应用技术的融合

上海的花卉产业发展紧紧依靠科技优势,从以下几个方面着手,努力打造核心竞争力。

注重特色花卉种质保护和资源利用

一是加快特色花卉资源收集和保存。近年来,上海相关机构收集了不同地理来源的菊花、朱顶红、萱草、荷花、睡莲、鼠尾草属、石蒜属、白及属、百合属等原生种质和品种资源,建立了朱顶红、鼠尾草等一批国家花卉种质资源库。二是特色花卉资源的科学评价、筛选及应用。上海有关部门开展特色花卉资源系统评价,进行适应性鉴定,选育优良种质资源和原生材料。三是在花卉应用技术上不断创新。例如,针对花境、花坛因不同花卉品种的花期和株型而不一样,就通过应用场景对其进行合理配置。

提升花卉产业能级和研发潜力

上海在花卉领域积累了雄厚的技术基础。上海的高校、科研单位和花卉企业很多,拥有大量相关领域的高技术人才和技术工人。这些机构通过"产学研"结合,不断提高花卉生产的科技含量。除了传统的培育方式,转基因、基因编辑等技术也开始应用在花卉育种上。同时,通过光照、温度等技术处理手段,研究人员在花卉的生理生化研究中也取得大量重要成果,掌握了花卉的肥水管理、营养控制技术,形成一整套高效、优质的花卉栽培和保鲜技术体系。

拥有花卉生产环节关键技术

一是创新开发出花卉的目标花期调控技术。二是具有绿色、高效的花卉生产技术,同时大量地运用组织培养技术,加快了优良种子的繁育进程。三是采用规模化、标准化和专业化技术生产种苗,还开发出花卉"三圃育苗"体系。四是实现花卉生产的机械化、模块化和智能化,并集成育苗全流程的智慧管理技术,达到3亿株的年产能,而用工数量比传统劳动密集型方式节省45%,且种苗7项指标评价均为一级（蔡友铭，2021）。五是拥有成熟、高效的鲜切花异地生产技术。

积极打造拉动花卉消费的展示交流平台

上海有关部门和产业机构一方面重视花卉培育，开展花卉园艺技能培训；另一方面举办各类花市活动，在节假日与商家合作举办宣传活动。从培育市场消费的角度来说，上海的花卉已经从原来时尚、高端的精神消费品，变成人们日常生活中必不可少的组成部分，为城市高品质生活添光加彩。上海花卉产业的发展实际上是与城市发展同步的，因为人们消费水平的提高在客观上增加了需求，从而使人们进一步追求花卉的品质。

花卉融合发展业态涌现

浦东的郁金香主题公园和"周浦花海"、闵行区的"上海家庭园艺节"、松江区的"上海菊花节"、金山区的"花开海上"、青浦区的寻梦园等特色项目成为上海花卉旅游的新亮点。

上海花卉的精深加工，例如藏红花面膜、玫瑰精油、薰衣草香皂、山茶精油、铁皮石斛饮片含片与冲剂、芳香植物茶饮及菊花茶等花卉衍生品和食用花卉的开发应用，成为都市生活消费新型健康礼品，融入了居民日常生活，带动了花卉产品的生产和营销，极大地提升了产品附加值和产业效益。

近几年，上海有各类花卉批发、花卉服务、花店及销售点1万余家，年花卉消费总额上百亿元，成为我国最大的花卉消费城市之一。其中，上海的鲜切花年消费量在国内最大，庭院花卉、市政景观用花品质和数量均处于国内领先行列（蔡友铭，2021）。除了传统的花卉市场和花店，花卉相关的亲子体验、游学活动、周末夜间花市、网购团购等新型消费形式备受上海人民的欢迎。

花卉会展产业持续壮大

上海是全国花卉会展的主要城市之一。近年来，每年与花卉相关的会展有60余场，其中影响力大的有国际花卉园艺博览会、上海（国际）花展、国际多肉植物展、国际睡莲荷花展、家庭园艺节等。2021年第十届花博会在上海成功举办，成为我国花卉界的重大盛事。

"花卉+"产业融合发展

依托"互联网+"等新技术的花卉新商业模式在上海初步形成。众多上海花卉电子商务蓬勃兴起，拓展了花卉流通的渠道；花卉的冷链配送带动了仓储、物流的升级换代，在方便居民消费的同时，加快了花卉产品的流通速度，实现产业的提质增效。结合乡村振兴战略，上海发展了一批主题鲜明的新型花卉综合体，实现从单一种植向旅游等领域拓展，促进花卉旅游、休闲观光与健康养生的融合发展。

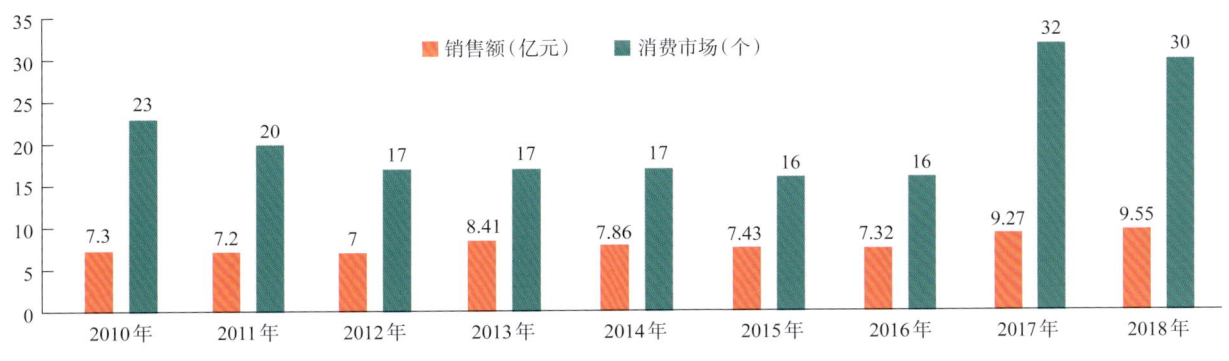

2010—2018年上海花卉销售额及消费市场数量（引自蔡友铭，2021）

上海花卉产业发展方向

2020年，上海市出台了《关于推进花卉产业高质量发展服务高品质生活的意见》，明确花卉产业是"美丽产业""富民产业"，也是服务高品质生活的重要载体，对上海推进"创新之城、人文之城、生态之城"具有重要意义。因此，花卉产业作为上海都市现代农业发展的新增长点，未来前景可期。同时，需要针对性地思考和解决制约上海花卉产业发展的各种因素，实现高质量发展，更好地满足人民群众的美好生活需要。

优化结构，奠定发展基础

遵循"适地适树，适地适花"的原则，科学、慎重地选择适应当地气候、地理环境、立地条件的花卉资源。市场行情是花卉产业能否取得较好经济效益的关键因素，应根据行情选择需求量大、附加值高、市场前景好的花卉品种。

创新科技，突出核心要素

充分发挥科技的带动和提升作用，加强研发的源动力。目前，大部分高价值的花卉品种依赖国外进口，有自主知识产权的品种不是很多。因此，上海可通过政策扶持，建立产学研长效互动机制，积极发挥各级花卉协会功能，增加行业内交流，提高花卉产业化技术。

构建标准，紧抓关键环节

标准化生产是花卉高质量发展的关键环节，应该以标准化提升上海花卉市场竞争力。对于上海本地的特色花卉品种和拳头产品，通过制定生产标准或行业标准，占据花卉种植和市场竞争高地；以花卉协会和合作社为载体，推广标准化生产，提升花卉品质。

打造品牌，形成强大推力

结合特色品种，为上海本地花农和花卉企业提供高端营销平台，提升产品附加值。同时，探索"花卉+"等模式的深度融合，以花为媒，拉长花卉产业链，畅通花卉产业发展路径；推动高标准花卉产业园区的建设，配套政策和资金扶持，不断提升本地优势花卉和特色花卉的品牌影响力。

重视人才，激发内生动力

加大花卉行业人才培养和引进，为基层农业技术部门培养花卉专业技术人员，吸引更多花卉种植者、企业家、创业者参与花卉产业发展。同时，加强花卉种植技术和新型职业农民的培训，为花卉人才创造更多的发展机遇。

花卉产业方兴未艾，花卉科技进步更是异彩纷呈、一日千里。因此，需要与时俱进，科学管理，勇于创新，不断满足市场新的需求，推进上海花卉产业可持续发展。

2

多年生草本花卉

爵床科 Acanthaceae

茛力花 *Acanthus mollis*

植株高 50～80 cm，穗状花序长 50～80 cm，花最多时达 120 朵；抽花序时植株高达 180 cm。基部叶深裂，深绿色，质地柔软。单花直径约 5 cm，筒状花，两性，白色或淡紫色。具 3 枚绿色至淡紫色的苞片，中央大苞片具刺；花萼二唇形，上层紫色、较长，呈头盔状；花冠上唇退化，下唇白色、3 裂，有紫色斑纹。花期为 5—8 月。

喜阴凉气候和湿润土壤。应用于花境、庭院植物和林下地被。

'塔斯马尼亚天使'茛力花
Acanthus mollis 'Tasmanian Angel'

叶深裂，具白色斑纹，尤其是新生叶初期为白色。花粉红色，苞片乳白色。地下根茎粗壮。花期为 5—6 月。冬季半常绿，可耐 -12 ℃ 低温。喜半阴、散射光的环境，忌强光或暴晒。

九头狮子草 *Dicliptera japonica*

植株高 20～50 cm。叶卵状矩圆形，聚伞花序，花冠粉红色至淡紫色，花丝细长。蒴果，种子有疣状小凸起。花期为 8—9 月，果期为 8—10 月。上海世博会后逐步在上海园林中应用。

适合在阴凉、土壤湿润处栽植。应用于庭院绿化，或作为蜜源植物。

翠芦莉 *Ruellia simplex*

植株高 60～80 cm。叶对生，线状披针形。成熟叶暗绿色，新叶及叶柄常呈紫红色。花冠漏斗形，多呈蓝紫色，少数粉红色或白色。花期为 3—10 月。原产自墨西哥，2012 年上海从南方引进栽培。

耐高温，适宜生长温度为 22～30℃。对土壤要求不高，耐贫瘠，耐轻度盐碱。耐旱，也耐水湿。对光照要求不高，全日照或半日照均可。应用于庭院丛植或盆栽。

'南国星'翠芦莉
Ruellia simplex 'Southern Star'

植株高 20～30 cm。花冠漏斗形，有粉红色、紫色、白色。花期为 3—10 月。

伞形科 Apiaceae

高山刺芹 Eryngium alpinum

植株高约 60 cm。基部叶片革质，三角状心形，锯齿先端有刺；上部叶片圆形，通常三裂或掌状分裂，蓝灰色。头状花序，长约 3.5 cm，多数围绕花序四周许多苞片，二回羽状分裂，裂片细长，先端有硬刺，灰蓝色。花蓝色或白色。夏季开花，冬季可赏其多刺的干苞片。

喜光，耐寒，对土壤要求不高。应用于花境、岩石园。

扁叶刺芹 Eryngium planum

植株高约 75 cm。茎灰白色、淡紫灰色至深紫色，坚硬光滑，上部分枝。基生叶长椭圆状卵形，边缘有粗锯齿。头状花序，着生在分枝顶端，圆卵形、宽卵形或半球形。花浅蓝色，花瓣与萼片互生，膜质、透明。花果期为 7—8 月。

喜光，喜疏松排水好的土壤，也耐旱。应用于花境、花甸和岩石园。直立的茎叶和漂亮的蓝色花序使其适合做切花。

'蓝闪光'扁叶刺芹
Eryngium planum 'Blue Glitter'

植株高 30～40 cm，株型紧凑；花蓝色。可用于花境，或作为蜜源植物、切花、干花。

夹竹桃科 Apocynaceae

亚洲络石 *Trachelospermum asiaticum*

常绿蔓性藤本。叶片椭圆形或近倒卵形。花序顶生或腋生，着生花多朵组成圆锥状。花期为4—7月。喜弱光，耐高温。对土壤要求不高，轻黏土及砂质土壤均适宜。较耐旱，忌水湿。应用于地被、攀援植物或盆栽。

斑叶络石
Trachelospermum asiaticum Snow-N-Summer ('Hosns')

老叶近绿色或淡绿色。第一轮新叶粉红色，少数有2～3对粉红叶；第二轮和第三轮新叶为纯白色；在纯白新叶与老绿叶间有数对斑状花叶。整株叶色丰富、色彩斑斓。从日本引进和繁育后，已成为上海园林绿化中常见的地被植物。

黄金锦络石
Trachelospermum asiaticum 'Ogon-nishiki'

叶金黄色，间有红色和墨绿色斑点，常年色彩斑斓，在高温、寒冷或荫蔽条件下有返青现象。

蔓长春花 *Vinca major*

蔓性藤本。主茎偃卧，花梗直立；除叶缘、叶柄、花萼及花冠喉部有毛外，其余部位均无毛。叶宽卵形至心状卵形。花淡紫色，单朵腋生，花期为3—5月。原产自地中海沿岸及美洲、印度等地。

既喜阳光也较耐阴，长期光照不足则叶片发黄、落叶。稍耐寒，适应深厚、肥沃、湿润的土壤。栽培时盆土浇水不宜过多，一般两年换一次盆。应用于地被。

红茎蔓长春
***Vinca major* 'Maculata'**

花型和植株外貌与花叶蔓长春相似，区别在于红茎蔓长春的茎为红色，叶片上的斑纹较模糊，不如花叶蔓长春明显。

花叶蔓长春
***Vinca major* 'Variegata'**

植株分蘖能力非常强。叶缘乳黄色或叶片上有金色斑。花单生，花冠高脚蝶状，紫罗兰色。从荷兰引种'白花'蔓长春花、'银纹'蔓长春花等花叶品种。

天南星科 Araceae

金叶石菖蒲 *Acorus gramineus* 'Ogan'

植株高 30～40 cm，全株具香气。硬质的根茎横走，多分枝。叶两列状密生于短茎上；叶片剑状条形，中上部金黄色。花梗叶状，扁三棱形；肉穗花序，花小而密生。原生种为中国特有，该品种引自荷兰。

喜阴凉、湿润的环境。应用于地被、花境、盆景。

红掌 *Anthurium andraeanum*

花烛属（*Anthurium*）下多年生常绿草本植物，别名安祖花、红鹅掌、尾巴花。原产自哥斯达黎加、哥伦比亚等热带雨林，常附生在树上或岩石上，也有生长在地上。茎节短。叶绿色，革质，全缘，长圆状心形或卵心形；佛焰苞卵心形，蜡质并有光泽，橙红色或猩红色。肉穗花序长 5～7 cm，可常年开花。世界广泛栽培。

喜温热、湿润、排水良好、半阴的环境，怕干旱和强光暴晒，适合在温室栽培。适宜的栽培温度为昼温 23～28℃、夜温 18～21℃，应避免长时间低于 15℃ 或高于 30℃；适宜的光照强度为 15 000～20 000 lx，空气相对湿度宜控制在 60%～80%。应用于切花、盆栽、花艺。

'阿拉巴马'红掌
Anthurium andraeanum 'Alabama'

植株高约 50 cm，冠幅 55～60 cm，叶片大，光滑且厚实。花 4～6 朵；佛焰苞较大，肉穗花序初为浅黄色，后变为白色、浅绿色；花红色。耐高温，佛焰苞在高温时也不易变色，且能经受长途运输，是中大株型规格栽培生产的主要品种。

'梦幻之爱'红掌
Anthurium andraeanum 'Fantasy Love'

植株高 45～50 cm，冠幅 50～60 cm。叶片中等大小，光滑、有光泽且厚实。花 6～8 朵；佛焰苞中等大小，花色为复色，肉穗花序为浅粉红色。

耐高温，佛焰苞在夏季高温时褪色小。花淡雅清秀，绿中带红，非常雅致，是市场接受度较好的复色系盆花，适宜作为中大型规格花卉栽培生产。

'特伦萨'红掌
Anthurium andraeanum 'Turenza'

植株高 40～50 cm，冠幅 50～60 cm。叶片和花均较大且富有光泽，宜作为中大株型规格花卉栽培生产。花 4～7 朵，红色；佛焰苞较大；肉穗花序，初为浅黄色，再为白色，最后为浅绿色。

抗逆性良好，在春、秋、冬季，花苞颜色光彩亮丽，较耐寒。主流红色品种之一。

五加科 Araliaceae

阿尔及利亚常春藤 Hedera algeriensis

常绿藤本，茎具星状毛；小枝及叶柄带棕红色。幼叶较大，卵形，长 5～15 cm，基部心形，全缘，革质；成熟叶卵状披针形。总状圆锥花序。果黑色。

喜有光照、温暖、湿润的环境，但怕暴晒，也忌过阴。对土壤要求不高，适应中性或微酸性土，不耐碱，盆土要保持湿润，忌过度干燥。应用于垂直绿化。

花叶阿尔及利亚常春藤
Hedera algeriensis 'Gloire de Marengo'

嫩叶卵形，成年叶卵状披针形；全缘或掌状 3～7 浅裂，革质；表面深绿色，叶缘淡黄白色，中脉鲜绿色或灰绿色，具蓝绿色斑块。伞形花序，或由数个伞形花序排列成总状花序。花期为秋季。

马兜铃科 Aristolochiaceae

青城细辛 Asarum splendens

又称花脸细辛。根茎横走，根稍呈肉质。叶片卵状心形、长卵形或近戟形，先端急尖，基部耳状深裂或近心形；叶面中脉两旁有白色云斑，叶背绿色。花被裂片宽卵形，基部有半圆形乳突皱褶区。花期 4—5 月。

喜林下阴湿环境。主要应用于林下花园、盆栽。

天门冬科 Asparagaceae

狐尾天门冬
Asparagus densiflorus 'Myersii'

有攀援习性。植株高约 1 m。茎和分枝有纵棱。叶状枝成簇，扁平，条形，先端具锐尖；茎上的鳞片状叶基部具长 3～5 mm 的硬刺，分枝无刺。叶似松针，丛球状。总状花序，单生或成对，通常具十几朵花。花白色，直径 3～4 mm。浆果红色，具 1～2 颗种子。原产自非洲南部，现已被广泛栽培。

喜温暖、湿润、半阴的环境，不耐寒，忌暴晒、高温、干旱和积水，以疏松肥沃、排水良好的砂质土壤为宜。应用于盆栽和插花。

'红星'澳洲朱蕉 *Cordyline australis* 'Red Star'

植株高 30～90 cm。茎直立。叶密生于枝的先端，呈伞形；叶片披针形至线形，革质且坚硬，全年紫红色。

喜半阴、高温、湿润的环境，不耐寒；适应富含腐殖质、排水良好的酸性土壤，栽植于碱性土壤中时叶片易变黄。形态美观，色彩华丽高雅。应用于室内盆栽、花境和庭院。

玉簪类 *Hosta* cvs.

叶色丰富多样，花的形态和颜色都颇为奇特，加之喜阴、耐寒，是花叶俱佳的草本植物。西方人引进玉簪已有200多年历史，由于耐阴耐寒，加上大量的杂交选育，其已逐渐成为世界销量前列的草本植物。已有超过3 000个新品种被注册和命名。

部分品种喜阴湿的环境，其他品种喜半阴的环境。对土壤要求不高，忌积水，应在夏季注意防止叶斑病、白绢病等病害。应用于地被、岩石园、水岸湿地绿化。

'蓝鼠耳'玉簪
Hosta 'Blue Mouse Ears'

植株高5～8 cm，单株冠幅为10～20 cm。叶厚，纸质；叶片长5～7 cm，宽4～6 cm，属于微叶型玉簪。花淡紫色，花葶高15～20 cm。花期为6月。喜疏松、肥沃、排水良好的土壤；耐阴，也适应半阴的环境。

'法兰西'玉簪
Hosta fortunei 'Francee'

植株高50～70 cm。叶深绿色，叶缘呈银白色。花梗从叶丛中抽出，花10～15朵；花白色或紫色，漏斗状，有香味。

长势强健，耐寒，较易栽培。喜土层深厚、排水良好、肥沃的砂质土壤，是非常优良的盆栽或地被植物。

'地主'玉簪
Hosta 'Ground Master'

植株高50～60 cm。叶披针形，先端渐尖，叶缘稍有波状；叶脉周围深绿色，边缘金黄色。花紫色，漏斗形。栽培需疏松、肥沃、排水良好的土壤和阴生环境。

阔叶山麦冬 *Liriope muscari*

植株高 30～50 cm，根细长，分枝多，有时局部膨大成纺锤形的小肉质块根。叶密集成丛，革质，先端急尖或钝，基部渐狭，有明显的横脉，边缘光滑。花葶通常长于叶，高 45～100 cm；总状花序，具多花，花簇生于苞片腋内。种子球形，初期绿色，成熟时变黑紫色。花期为 7—8 月，果期为 9—11 月。

对光照要求不高，在潮湿、排水良好、全光或半阴的条件下生长良好。优良的地被植物。

'金边'阔叶山麦冬
Liriope muscari **'Variegata'**

植株高约 30 cm。叶片边缘为金黄色，边缘内侧为银白色与翠绿色相间的竖向条纹，基生密集成丛。花梗高出于叶丛，花红紫色。

'金发女郎'山麦冬
Liriope Pure Blonde（'Lirblonde'）

植株高约 30 cm。新叶白色，随着气温的升高会逐渐转绿。喜潮湿的环境，耐晒，但也耐阴，在上海长势很好。

矮麦冬 Ophiopogon japonicus 'Nanus'

常绿草本。植株矮小，高 5～10 cm。叶丛生，墨绿色；无柄，窄线形，比同属其他种的叶细。夏季开淡蓝色小花，总状花序，花埋于株丛中。花期为 6—7 月。浆果蓝色。

喜肥沃、排水良好的土壤，适应半阴到全阴环境。耐旱，耐低温，水分要求低到中等。长势强健，成活率较高。全年均可分株育苗，但以春季、夏季和秋季为佳；冬季气温过低，分株后不利于恢复生长。应用于观赏草坪、盆栽、假山岩壁点缀，或作为室内植物。

黑麦冬 Ophiopogon planiscapus 'Nigrescens'

常绿草本。植株矮小，高 5～10 cm。叶丛生，无柄，线形，黑绿色。浆果蓝色。花期为 5—7 月。

喜肥沃、排水良好的土壤条件。适应半阴到全阴环境，耐旱，在气候比较干燥的北方地区也可种植。长势强健，成活率较高，对土壤的适应性极强。优良的地被观叶植物。

花叶玉竹 *Polygonatum odoratum* 'Variegatum'

植株高 30～50 cm，茎红褐色。叶互生；叶片椭圆形，有白色纵纹，酷似毛笔刷绘出的痕迹，叶背面灰白色。花 2～3 朵，腋生，白色。花果期为 3—6 月。

喜半阴、冷凉的环境，以及腐殖质含量丰富的土壤，生长期间忌高温多湿。通过分株或地下根茎繁殖，在早春萌发新芽时繁殖最佳。适合盆栽，枝叶为高级花材。

凤尾兰 *Yucca gloriosa*

植株高 1～2 m。茎丛生，长势强健，有时分枝。叶密集，稍肉质，螺旋排列在茎顶，呈放射状展开，质地坚硬，有白粉，剑形。夏秋抽出粗壮的 1 m 多高的圆锥花序，花数 200～400 朵，从下至上逐渐开放；花瓣乳白色，杯形，下垂。原产自北美东部及东南部，现广泛露地栽培。

喜阳光充足、温暖、湿润的环境，以及排水好的砂质土壤，耐瘠薄，耐寒，耐阴，耐旱，也较耐湿，对酸碱度的适应范围较广。通过种子繁殖或扦插繁殖。

良好的庭院观赏植物，常应用于花坛、花境、道路绿化等。对有害气体抗性强，可用于工矿区域美化，也可作鲜切花。

'金边'凤尾兰
Yucca gloriosa 'Variegata'

常绿灌木，茎短。叶缘在春夏季呈较宽的金黄色。花序发自叶丛间，高 1～1.5 m。大多在夏秋开花，少数到 11 月还有花。

阿福花科 Asphodelaceae

山菅兰 *Dianella ensifolia*

植株高约 1 m。叶终年翠绿，狭条状披针形，基部稍收狭成鞘、套叠或抱茎，边缘和背面中脉具锯齿。花常多朵生于侧枝上端；浆果近球形，深蓝色。花果期为 3—8 月。原产自我国长江以南。

喜高温、湿润，越冬温度要求高于 5℃。对土壤条件要求不高，耐贫瘠，但不耐旱。耐阴，栽培养护时切忌阳光直射，夏季需遮阴处理。常分株繁殖或种子春播繁殖。应用于盆栽、林下地被。

花叶山菅兰 *Dianella tasmanica* 'Variegata'

植株高 50～70 cm。茎横走，结节状，节上有细而硬的细根。叶近基生，2 列；叶片狭条状披针形，革质，叶缘具银白色条纹。花葶从叶丛中抽出，圆锥花序长 10～30 cm；花淡紫色。浆果紫蓝色。花期为夏季。

萱草类 *Hemerocallis* cvs.

　　萱草在中国有着 2 000 多年的栽培历史。早在中世纪，萱草就传到欧洲，其英文名为"daylily"，即"一日之花"，指其单朵花仅开放一日即行凋萎。作为重要的园林植物，19 世纪末以来，欧美兴起了群众性培育萱草新品种的培育活动。大部分原产自中国的萱草种类在欧美庭院中有应用。此外，美国还成立了萱草协会（American Hemerocallis Society），负责新品种的登记工作。上海引种了 800 多个萱草品种，园林绿化中常用的萱草品种有'金娃娃'萱草、'红运'萱草、'奶油卷'萱草等。

　　喜湿润和半阴环境，对土壤适应性强，但以土层深厚、富含腐殖质、排水良好的砂质土壤为宜，在中性、偏碱性土壤中也生长良好。较耐粗放管理。春秋以分株繁殖为主，每丛带 2～3 个芽。应用于花境、地被、容器盆栽等。

'伯蒂费里斯'萱草
Hemerocallis **'Bertie Ferris'**

　　植株高 50～60 cm，花葶高 55～65 cm。橙红色小花品种，花冠直径 8～9 cm。

'詹尼丝布朗'萱草
Hemerocallis **'Janice Brown'**

　　植株高 50～60 cm，花葶高 55～65 cm。花冠直径 12～13.5 cm；花瓣亮粉红色，边缘镶着可爱的"蕾丝花边"，还带有玫瑰红的"眼圈"。

'原始尖叫'萱草
Hemerocallis **'Primal Scream'**

　　植株高 50～60 cm，花葶高 60～70 cm。花冠直径 19～21 cm，橘红色、狭长且反卷的花瓣格外耀眼。

'草莓糖果'萱草
Hemerocallis **'Strawberry Candy'**

　　植株高 50～60 cm，花葶高 60～70 cm。花冠直径 20～22 cm；以草莓粉色为底色，混合玫瑰红色形成典型的"玫红色眼圈"系列，花边形花瓣在深绿色叶的衬托下非常可爱。曾在多项国际评比中获大奖。

火炬花 *Kniphofia* × *hybrida*

植株高达 120 cm。叶丛生，草质，条形；"V"字形内折，很少直立。总状花序着生数百朵筒状小花，呈火炬形，花冠橘红色。花期为 6—10 月。

喜温暖的气候，也较耐寒。一般要求阳光充足，也耐半阴。种植的土壤要排水性良好，应选择疏松、肥沃的砂质土壤，可加适量基肥。4 月露地定植，夏季 7—8 月开花。幼苗移植或分株后，用水浇透 2~3 次，及时除草并保持土壤湿润。播种苗或分株苗培育得当，栽后翌年便可开花。既可丛植于花坛、花境或草坪中，或在庭院的假山石旁用作配植，又可供切花。

'竹竿舞'火炬花
***Kniphofia* 'Flamenco'**

植株高 60~80 cm。第一年可开花，花穗华丽，花色艳丽，有黄色、橙色和红色渐变。

'杧果棒冰'火炬花
***Kniphofia* 'Mango Popsicle'**

植株高 60~80 cm。叶丛生，草质。总状花序着生数百朵筒状小花，花冠橘黄色。花期为 5—10 月。耐热性好，耐寒性强。

'冬日欢呼'火炬花
***Kniphofia* 'Winter Cheer'**

茎直立，植株高达 1.5 m。总状花序火炬形，着生数百多筒状小花，长度达 40 cm；花蕾橙黄色，开花后花序乳白色。花期为 6—8 月。

菊科 Asteraceae

金盘凤尾蓍
Achillea filipendulina 'Gold Plate'

植株高 40～50 cm。叶抱茎，互生；羽状复叶，椭圆状披针形；小叶羽状细裂，叶轴下延，有香气。头状花序，呈伞房状着生；花金黄色。花期为7—8月，果期为8—9月。

长势强健，对环境要求不高，日照充足和半阴地都能生长；以排水良好、富含有机质的砂质土壤为宜。应用于花坛和花境。

蓍草 *Achillea millefolium*

植株高 60～80 cm。有短的根茎，茎呈圆柱形。叶互生；无柄，羽状深裂，暗绿色，两面均有柔毛，叶基半抱茎。头状花序密集，形成圆锥花序或伞房花序；花白色。花果期为7—9月。

喜温暖、湿润的环境，也耐寒；在阳光充足和半阴处皆可正常生长。不择土壤，但在排水良好、富含有机质的砂质土壤中生长良好。应用于花坛、花境、切花。

盛芳系列
Flowerburst Series

花色有红色、玫红色和紫色。耐寒性好，可露地越冬。

金球菊 Ajania pacifica

植株高 30～60 cm。叶倒卵形至长椭圆形，先端钝，叶缘有灰白色的钝锯齿，叶面银绿色。头状花序顶生；花序小球形，金黄色，密集成团。春季开花。

适应性强，既耐热，又耐寒，可露地越冬。应用于花坛、花境或岩石园，也可在草坪中成片种植（即片植）。

黄金艾蒿
Artemisia vulgaris 'Variegata'

植株高约 40 cm，株型良好。叶片羽状深裂，叶色黄绿相间，在阳光下十分醒目，并散发芳香气味。花期为 8—9 月。

适应性强、生长旺盛，可在瘠薄土地种植。主要应用于花境、花坛和岩石园。

菊花 Chrysanthemum × morifolium

在我国栽培历史悠久，文字记载可追溯到3 000多年前，最早见于《礼记》一书："季秋之月，鞠有黄华。"1698年，菊花直接从我国传入法国，不久后又传入英国。18世纪中期，欧洲已有人开始用温室从事菊花的切花生产。18世纪末引种到美国后，菊花由于盛开在花少的秋天、开花时间长达一个多月，且色彩缤纷、婀娜多姿，观赏价值突出，加上国外喜爱瓶插鲜切花，逐渐成为世界四大切花（菊花、月季、唐菖蒲、康乃馨）之一。现代观赏菊花由多种野菊杂交和人为不断选育栽培而成。

喜阳光充足的环境，耐寒，不耐高温和干旱，怕积水。适宜生长温度为18～22℃，地下根茎能耐−10℃低温。适应肥沃、疏松且排水良好的微酸性砂质土壤；较喜肥，生长期每半月施腐熟饼肥水1次。常用扦插和嫁接方式繁殖。应用于花坛、花境、造型菊和盆栽等。

乒乓菊
Chrysanthemum × morifolium 'Pompon'

植株高20～60 cm。花生于枝头，形状酷似乒乓球，花色有红、白、黄、绿、粉红、紫等。花期为7—10月。2010年左右引入我国；改良品种在云南昆明地区试种，2012年引入上海。花期和保质期长，近年来非常受欢迎，多用于插花和手捧花等。

大花金鸡菊 Coreopsis grandiflora

植株高50～100 cm。茎直立，叶对生，基部叶有长柄、披针形或匙形；下部叶羽状全裂，裂片长圆形。头状花序单生于枝顶，具长花序梗；管状花长，两性。花期为5—9月。原产自北美洲，我国栽培并在全国归化。

对土壤要求不高，喜肥沃、湿润、排水良好的砂质土壤。耐旱、耐寒、耐热，适应性强、容易繁殖。常用于花境、庭院，也可用作切花。

重瓣金鸡菊
Coreopsis grandiflora 'Sunray'

植株高25～45 cm，丛生状。三出复叶，小叶倒披针形至长椭圆形。重瓣花，顶生，花冠金黄色。花期为5—6月。

性喜冷凉至温暖，适宜生长温度为10～25℃。栽培以疏松肥沃的砂质土壤最佳，需排水、光照良好，光照不足易导致开花不良。应用于花境或盆栽。

'天堂之门'金鸡菊
Coreopsis rosea 'Heaven's Gate'

植株高 30～40 cm。叶细羽状分裂。花瓣粉红色，花期为 5—10 月。喜光，耐寒，耐旱，耐贫瘠，忌暑热，栽培管理可粗放。应用于花境，也可丛植或片植。

芙蓉菊 Crossostephium chinense

半灌木。植株高达 40 cm。叶聚生于枝顶；叶片狭匙形或狭倒披针形，全缘或 3～5 裂，两面有浓密的灰色短柔毛。头状花序盘状，花黄色。株型紧凑，叶银白色，具较高的观叶价值。

喜光怕热，较耐寒。以富含腐殖质、深厚、疏松、排水良好的土壤为宜。应用于花境、庭院、岩石园，也可盆栽。

松果菊 *Echinacea purpurea*

植株高 50～100 cm。叶卵状披针形，互生；叶缘具锯齿。头状花序，单生或多数聚生于枝顶。花大，直径可达 10 cm；花色较多，有白、红、黄、粉等。花色艳丽，具有很高的观赏价值。花期为 6—9 月。

喜阳光充足的环境，稍耐阴、稍耐旱，不耐涝，适应排水良好、深厚肥沃的土壤。应用于花境、花甸等，亦作切花。

'盛情'松果菊
Echinacea purpurea 'Cheyenne Spirit'

植株高 50～80 cm，冠幅 40～50 cm。通过种子繁殖，分枝性好，植株紧凑。花色为混色，以红色、黄色、橙色、白色为主。获美国"全美花卉品种选育奖"和欧洲"花卉选拔赛金奖"。

粉花松果菊
Echinacea purpurea 'Magnus'

植株高 50～100 cm。舌状花粉红色，管状花红褐色，花冠直径 10 cm。花期为 6—7 月。

'盛会玫红'松果菊
Echinacea purpurea 'Pow WowWild Berry'

植株高 50～60 cm，冠幅 30～40 cm，株型紧凑。花为鲜艳的玫红色，且极其不易褪色。开花能力强，每株都开满花。耐寒，耐热，适应性好。

白花松果菊
Echinacea purpurea 'White Swan'

植株高 60～100 cm。茎直立。由叶丛中抽出 3～6 个花梗，花梗上部再生出 3～5 个分枝。花白色，直径 6～10 cm。花期为 6—9 月。

梳黄菊 *Euryops pectinatus*

植株高约 50 cm。叶互生；叶片灰绿色，篦齿状分裂，裂片细窄。头状花序，单生于枝顶。花瓣舌状，金黄色，1 轮。花期为 5—10 月。原产自南非。

喜阳光充足的环境，具有很强的耐热和耐旱能力。应用于花境和花坛。

黄金菊
Euryops pectinatus 'Viridis'

植株高 50～100 cm。全株具香气，叶略带草香及苹果的香气。叶片羽状并有细裂。花单生或疏圆锥花序；舌状花黄色、棕色或粉红色，管状花黄色至褐色。花期为 5—10 月。

喜光，耐半阴，对土壤要求不高。应用于花坛、花境，也可丛植或片植。

大吴风草 *Farfugium japonicum*

植株高约 70 cm。叶全部基生，莲座状；叶片肾形，先端圆形，全缘或有小齿至掌状浅裂；叶质厚，近革质，上面绿色，下面淡绿色。头状花序辐射状，排成伞房花序；舌状花黄色，舌片长圆形或匙状长圆形，先端圆形或急尖；管状花多数。花果期 8 月至翌年 3 月。

喜湿润和半阴的环境，怕强光直射；耐寒，在江南地区能露地越冬，适应肥沃、排水好的土壤。常用于林下地被、庭院植物和室内盆栽。

花叶大吴风草
Farfugium japonicum 'Argenteum'

叶片上有大片白色斑块。

斑点大吴风草
Farfugium japonicum 'Aureomaculatum'

叶浓绿色，上面密布黄色斑点。

宿根天人菊 Gaillardia aristata

植株高 60～100 cm。叶长椭圆形。头状花序；舌状花橙红色，外有黄色花边；管状花紫褐色。花期为 7—9 月。原产自北美洲西部。

喜阳光充足、温暖的环境，耐热、耐寒，耐旱，忌积水。应用于盆栽、花坛、花境和庭院。

'海伦娜'堆心菊 Helenium autumnale 'Helena'

植株高 60～120 cm，株型紧凑。叶宽披针形，基生叶丛生。头状花序，花黄色。花期为 7—8 月。花后及时修剪可二次开花。

喜阳光充足的环境，耐高温、高湿；适应性强，养护简单，是优良的夏季观花植物。应用于花境、盆栽和组合容器。

赛菊芋 *Heliopsis helianthoides*

植株高 70～150 cm。叶矩圆形或卵状披针形；上面无毛，下面具有柔毛，边缘有锯齿。头状花序，花色为亮丽的黄色，花量大。花期为 6—8 月。

喜阳光充足的环境，抗性强，耐阴，耐寒，耐热。对土壤的要求不高，耐贫瘠，但以疏松、排水良好的土壤为宜。应用于花坛、花境、庭院。

银叶菊 *Jacobaea maritima*

植株多分枝。叶一至二回羽状分裂，叶片有银白色柔毛。头状花序单生于枝顶；花小，黄色。花期为 6—9 月。原产自地中海沿岸。

喜阳光充足、凉爽、湿润的环境，以及疏松、肥沃的砂质土壤或富含有机质的黏土。适宜生长温度为 20～25℃，在 25℃时萌枝力最强。银白色的叶片远看像一片白云，与其他色彩的纯色花卉配置栽植时效果极佳。应用于花坛、花境和盆栽。

'银灰' 银叶菊
Jacobaea maritima 'Siverdust'

植株高约 25 cm，株型整齐。叶片银白色，边缘缺刻明显，光滑且带天鹅绒质感。美丽的银灰色叶片会增加花坛和花篱的质感，形成鲜明的对比效果。

大花滨菊 *Leucanthemum maximum*

植株高 30~80 cm。茎直立，通常不分枝。基生叶长椭圆形或卵形，边缘圆或有钝锯齿；中下部的叶长椭圆形或线状长椭圆形；上部的叶渐小，有时羽状全裂。头状花序单生于茎顶，有长花梗，或茎生 2~5 个头状花序，排成疏松伞房状。舌片长 10~25 mm，白色。花果期为 5—10 月。

喜阳光，较喜湿润、土质深厚及排水良好的土壤。栽培需注意防治蚜虫，而及时修剪残花可促进分枝、延长开花时间。应用于花境、花甸或庭院，其花枝是优良的切花材料。

大滨菊 *Leucanthemum × superbum*

植株高约 30 cm。基生叶倒披针形，具长柄；茎生叶少，无柄，披针形，短于基生叶，叶缘具粗齿。头状花序顶生；舌状花白色，直径 6~10 cm。花期为 6—8 月。

喜光，耐阴、耐寒、耐瘠薄，不择土壤，易管理。应用于花坛、花境、大片自然丛植。

滨菊 Leucanthemum vulgare

植株高 30～80 cm。叶通常互生，无托叶。花两性或单性，头状花序盘状；花冠常辐射对称，白色。

喜阳光充足、温暖、湿润的环境，以及疏松、肥沃、排水良好的土壤；耐半阴，也耐寒。应用于花境、花甸，也可丛植或片植。

全缘金光菊 Rudbeckia fulgida

植株高 50～80 cm。叶互生，稀对生；叶片全缘或羽状分裂。头状花序大或较大，有异形小花多朵；周围有一层不结实的舌状花，中央有多数结实的两性花。舌状花黄色、橙色或红色，舌片开展，全缘或顶端具 2～3 枚短齿；管状花黄棕色或紫褐色。花期为 7—8 月。

适宜生长温度为 20～22℃，适宜的 pH 值为 5.8～6.2。种子萌芽需光。播种前需喷施杀真菌剂，播种后覆上一层薄薄的蛭石以保持土壤的湿润，但不可过于潮湿。避免阳光直射，应适当遮阴。

'金色风暴'全缘金光菊
Rudbeckia fulgida **'Goldsturm'**

宿根性强。植株高约 70 cm。黄色花，中心黑色。喜光且耐半阴，耐低温。播种后 4～5 个月开花。花量大，适合大面积种植。

黑心金光菊 *Rudbeckia hirta*

植株高 30～100 cm。茎不分枝或上部分枝。下部叶长卵圆形，基部楔状下延，有三出脉，边缘有细锯齿；上部叶长圆披针形，顶端渐尖，全缘或边缘有细至粗疏锯齿。舌状花鲜黄色，舌片长圆形；管状花暗褐色或暗紫色。花期为 5—9 月。

适应性很强，喜向阳通风的环境，较耐寒，很耐旱，适应排水良好的沙壤土，极易栽培。应用于庭院、花境、花甸。

'草原阳光'黑心金光菊
Rudbeckia hirta 'Prairie Sun'

植株高 70～80 cm。单瓣花，尺寸大，花瓣金黄色，中心带绿色。抗性强，极耐寒，夏季宿根性不强。

滔滔系列
Toto Series

植株高约 35 cm，株型紧凑。花直径约 6 cm，花瓣黄色或红黄两色，中心黑色。花期早，播种后 3～4 个月开花。喜光，耐低温。

蒲棒菊 *Rudbeckia maxima*

又称大头金光菊。植株直立性强，不易倒伏。开花时花葶高 100～200 cm。叶灰绿色，互生。头状花序大，花黄色。花期为 7—10 月。

喜阳光充足、通风的环境，既耐寒又耐旱；对土壤要求不高，但不耐积水。应用于花境和花甸。

银香菊 *Santolina chamaecyparissus*

常绿草本植物，植株高 30～40 cm。枝叶密集，株型紧凑。叶银灰色，具有芳香气味，新梢具有灰白色柔毛。花黄色。

喜光，抗性强，耐寒，耐热，对土壤要求不高，忌积水。优良的观叶植物，应用于花境、岩石园和花坛。

艾伦银香菊 Santolina pinnata subsp. *neapolitana* 'Sulphurea'

全株绿色，半球形，高约 30 cm。花黄色，形如纽扣。花期为 6—7 月。

耐旱，耐瘠薄，耐高温，耐修剪。广泛应用于花境、岩石园、花坛、树坛边缘。宜采用块状和带状栽培，不宜片植。

荷兰菊 Symphyotrichum novae-angliae

植株低矮，高 50～80 cm，全株被粗毛。叶狭披针形，近全缘。头状花序伞房状着生，总苞片线形。花较小，舌状，淡蓝紫色或白色。花期为 8—10 月。

喜阳光充足、湿润、通风的环境，耐旱，耐寒；耐瘠薄，对土壤要求不高，但在肥沃、疏松的砂质土壤中生长更好。多为片植或丛植，是花坛和花境的良好材料，也可切花或盆栽。

安德荷兰菊
Symphyotrichum novae-angliae 'Andenken an Alma Potschke'

株高 30～50 cm。叶线状披针形，光滑，幼嫩时微呈紫色。在枝顶形成伞状花序，花玫红色。花期为 8—10 月。

粉花荷兰菊
Symphyotrichum novae-angliae 'Barr's Pink'

植株高 50～100 cm。叶片椭圆形。头状花序单生，花粉红色。花期为 7—9 月。

芳香万寿菊 *Tagetes lemmonii*

植株高 50～150 cm，茎直立。叶对生，少有互生；叶缘具锐锯齿，羽状分裂。叶片揉碎后有香气。头状花序单生，花金黄色、橙黄色。花期为 10—11 月。

喜光，耐寒，对土壤适应性强。应用于花境和芳香植物专类园。

紫草科 Boraginaceae

牛舌草 *Anchusa azurea*

植株高约 100 cm，茎直立。全株密生白色硬毛。基生叶和茎下部叶长圆形至倒披针形，全缘。花序顶生及腋生，花蓝色。

喜光耐热，盛花时茎直立性差，易倒伏，需辅助支撑。应用于花境和岩石园。

大花聚合草 *Symphytum grandiflorum*

丛生型多年生草本。植株高40～60 cm。叶卵形、椭圆形或矛状，深绿色。蝎尾状聚伞花序，下垂。花钟形，奶油黄色至白色。花期为5—6月。

耐半阴，耐寒，适宜潮湿、排水良好的土壤，在弱酸性、中性或弱碱性土壤中均可生长。应用于花境、庭院、盆栽。

花叶大花聚合草
Symphytum grandiflorum 'Goldsmith'

植株高20～30 cm。浅绿色的皱叶边缘带有金黄色。花钟形，粉色、蓝色至白色。

凤梨科 Bromeliaceae

凤梨科植物约有 3 600 种，品种超过 15 000 个，主要产自美洲热带及亚热带地区。多数形态优美，花序艳丽而奇特，开花时间从 1 天至数月不等，是越来越流行的室内观叶观花植物。现今，国内广泛栽培观赏的凤梨科植物有果子蔓属（*Guzmania*）、铁兰属（*Wallisia*）、莺歌属（*Vriesea*）和光萼荷属（*Aechmea*）等属的种类。

'蓝雨'光萼荷 *Aechmea* 'Blue Rain'

植株高约 40 cm。叶莲座状，绿色。复穗状花序从叶丛中伸出，花葶直立，小花序扁平；小花无柄，蓝色，花梗红色。花期为 3—4 月。这是 2008 年 7 月荷兰花卉拍卖市场上最流行的盆花品种之一。

喜高温高湿，需温室设施栽培。喜光，栽培光照强度以 20 000～30 000 lx 为宜，不过夏季直射光会灼伤植株。观赏价值高，但繁殖周期长。应用于盆栽、室内配植。

'中国红'果子蔓 *Guzmania* 'Catherine'

果子蔓属（*Guzmania*）别名擎天属，是凤梨科植物中最常见的一类。植株莲座状，高 40～100 cm。叶多数，呈放射状，通常有光泽。圆锥、穗状或伞状花序从植株中间抽出，长短不一；大多数品种的花序高于叶面，故有"擎天"之称。上海从 2000 年开始陆续从比利时等地引进 60 多个果子蔓品种进行大规模、周年性的生产，年产超几十万盆。其中，'中国红'果子蔓株高约 60 cm，叶片浓绿、光亮，花色鲜红纯正，开花时间长，在 2010 年上海世博会上被大量用于场馆装饰。

铁兰 Tillandsia cyanea

小型凤梨种类，植株高 20～40 cm。叶窄线形，长 20～30 cm，簇生，浓绿色。花序梗自叶丛中抽生，长约 20 cm；穗状花序长 12～15 cm，扁平状；苞片对生，粉红色中带淡紫色，观赏期长达数月。小花深紫红色，从苞片内伸出，喇叭状，开花 3～5 天，深受消费者喜爱。

铁兰的适应能力强，对温度、光照要求不高，稍耐旱；需肥量少，抗病虫害。形态别致、花序奇特，为观叶、观花兼优的优良凤梨种类。应用于盆栽、立体墙饰。

'黄金玉扇'莺歌凤梨 Vriesea 'Davine'

植株高约 45 cm，茎极短。叶片鲜绿色，先端稍下垂，革质并有蜡质光泽。叶丛中抽出花梗，复穗状花序，花序长 10～15 cm，十分俏丽。观赏期长达 2 个月。

喜光照强度为 18 000～20 000 lx 为宜。长势强健，易栽培，喜温暖，较耐寒，适宜生长温度为 18～25℃。喜湿，不耐旱，生长期要充分浇水，叶杯中应保持充足水和肥，但忌氮肥过多，以免发生徒长。应用于容器盆栽。

桔梗科 Campanulaceae

同瓣花 *Lithotoma axillaris*

又称长星花，多年生常绿草本。植株高约 30 cm。叶羽状卵形。五瓣花，花蓝紫色、白色，直径约 4 cm。3—10 月开花，从春季到秋季持续绽放星状花朵。原产自澳大利亚。

喜阳光充足的环境，以及排水良好、深厚、肥沃的土壤；耐半阴，但夏季需避免强光直射；半耐寒，易受霜冻。

星光系列
Starshine Series

蓝色星形花朵，花量大。具有一定的耐热性，是无性插穗的经济替代品。应用于岩石园、花境、吊盆和盆栽。

桔梗 *Platycodon grandiflorus*

植株高 20～120 cm，通常无毛。叶全部轮生、部分轮生或全部互生，无柄或有极短的柄；叶片卵形、卵状椭圆形或披针形。花单朵顶生，或数朵集成假总状花序，也有花序分枝并集成圆锥花序；花冠大，直径 1.5～4.0 cm，蓝色或紫色。花期为 7—9 月。

喜光照充足、凉爽的环境，耐寒，在富含磷钾肥的土壤中生长较好。

五星系列
Astra Series

株型紧凑、一致，基部分枝好。单瓣花或半重瓣花；花大，直径 5～7 cm，星形。花期为整个生长季。应用于室内盆栽、花坛。

情感蓝系列
Sentimental Blue Series

植株矮生，基部分枝能力强。花近蓝色，花期早，是理想的花坛用花。

美人蕉科 Cannaceae

美人蕉类 *Canna* cvs.

植株高约 1.5 m。具块状根茎，地上枝丛生。叶互生；叶柄鞘状，叶片卵状长圆形。总状花序，花单生或对生。花冠外轮有退化雄蕊 2～3 枚；唇瓣披针形且弯曲。花期为 3—11 月。

喜阳光充足、温暖的环境，不耐寒。对土壤要求不高，但在疏松肥沃、排水良好的砂质土壤中生长最好。

卡诺娃系列
Cannova Series

株型紧凑，分枝性好。花期早，整齐性高，持续开花能力强。应用于花坛、花境、切花、盆栽。

南太平洋系列
South Pacific Series

植株高 65～80 cm，基部有分枝。应用于花境、庭院、组合容器，也可栽植于浅水池中。

石竹科 Caryophyllaceae

康乃馨 *Dianthus caryophyllus*

植株高 40～70 cm。茎丛生，直立，基部木质化，上部有稀疏分枝。全株无毛，粉绿色。叶片线状披针形，长 4～14 cm，宽 2～4 mm，顶端渐尖，基部稍成短鞘，中脉明显。花常单生于枝顶，有时 2～3 朵，有香气，粉红、紫红或白色。花期为 5—8 月。

喜阳光充足、凉爽的环境，不耐热，也不耐低温，夏季高于 35℃或冬季低于 9℃时，生长缓慢甚至停止。适应肥沃、排水良好的土壤，适宜的 pH 值为 5.6～6.4。应用于花坛、花境、盆栽、切花。

'紫精灵' 康乃馨
Dianthus caryophyllus **'Damascus'**

早生切花单头品种。植株高 80～90 cm。花冠直径约 9 cm。生长周期 100 天左右，长势整齐，抗病性强，产量高。瓶插时长 15～18 天。

粒粒钵系列
Lillpot Series

矮生重瓣花。植株高约 25 cm，株型紧凑。不需使用生长调节剂或摘心处理，适宜在直径为 10～15 cm 的盆钵中栽培。

石竹 *Dianthus chinensis*

植株高 30～50 cm。茎丛生，直立，上部有分枝。叶片线状披针形，顶端渐尖，基部稍狭，全缘或有小锯齿，中脉较明显。花单生于枝顶，或数朵花集成聚伞花序；花梗长 1～3 cm。花瓣长 15～18 mm，紫红色、粉红色、鲜红色或白色。花期为 5—6 月。

喜阳光充足、通风、凉爽、湿润的环境，以及肥沃、疏松、排水良好、富含石灰质的土壤或砂质土壤，耐寒，不耐酷暑，夏季往往生长不良或枯萎，栽培时应注意遮阴和降温；耐旱，忌水涝。应用于花坛、花境、岩石园、盆栽、切花。

钻石系列
Diamond Series

早生品种。植株高 20～25 cm，长势整齐。花冠直径约 4 cm。各花色花期一致。应用于盆栽和地栽。

超级冰糕系列
Super Parfait Series

植株高 15～20 cm，冠幅 20～25 cm。花较大。喜冷凉气候，适宜在直径 10～15 cm 的盆器中栽培。

欧石竹
***Dianthus* 'Kahori Pink'**

植株高 5～10 cm。基生叶草状丛生，株型低矮紧凑。叶对生。花葶直立，花红色，开花时间长，花量大。喜光，耐旱，以排水良好的土壤为宜。应用于花坛、花境、盆栽。

鸭跖草科 Commelinaceae

安德森紫露草 *Tradescantia* × *andersoniana*

茎直立。叶片条形，绿色至黄绿色。花序顶生，花色有蓝、粉红、淡紫等。花期为6—9月。

喜温暖、湿润的环境，畏烈日，宜生于有明亮的散射光处；对土壤要求不高。应用于花境、垂直绿化。

胭脂红紫露草
Tradescantia × *andersoniana* 'Karminglut'

多年生常绿草本。在冬春两季，叶缘会变为紫色，中间绿色。花胭脂红色。花期为5—10月。适应性强，喜阳亦耐阴，既耐旱又耐寒，耐瘠薄土壤和碱性土，并具有一定的抗涝能力。

金叶紫露草
Tradescantia × *andersoniana* 'Sweet Kate'

植株高30～50 cm。茎柔软，肉质，多分枝，紫红色。叶互生；叶片金黄色，披针形，全缘。花瓣数为3枚，蓝紫色。花期为6—9月。

白毛鸭跖草 Tradescantia sillamontana

多年生肉质草本。植株高15～20 cm。茎丛生，直立或稍匍匐，短粗，肉质，有浓密的白色长毛。叶互生；叶片绿色或绿褐色，稍具肉质，长卵形，长约2 cm、宽约1 cm，有浓密的白毛。小花淡紫粉红色，着生在茎顶。

喜温暖、湿润、光线充足但柔和的环境，耐半阴和干旱，忌暴晒和积水；不耐寒，适宜生长温度为16～24℃。应用于岩石园、花坛、花境、地被等。

旋花科 Convolvulaceae

银旋花 Convolvulus cneorum

常绿木质化草本。植株高约60 cm，冠幅约90 cm。茎叶紧凑、密实，扁圆形。叶倒矛形至线形，具毛，灰绿色。花腋生；喇叭形，直径2.5～4 cm，花瓣白色，花冠喉部黄色。花期为5—6月。原产自欧洲地中海地区。

喜阳，适应能力强，在瘠薄土壤也能生长。应用于花境、花坛和岩石园。

豆科 Fabaceae

紫三叶 *Trifolium repens* 'Purpurascens Quandrifolium'

多年生常绿草本。植株高 30～60 cm。叶基生；三小叶复叶，叶脉周围深紫色。花白色。

适应性强，喜光，耐寒，耐旱，稍耐阴，不择土壤。适合营造优良的地被景观，也可作为花坛镶边或花境点缀，以增强色彩的丰富度。由于根系发达，亦适合坡面绿化。

龙胆科 Gentianaceae

'岩间钻石'龙胆
Gentiana scabra 'Rocky Diamond'

植株高 30～60 cm，株型紧凑。叶近革质，卵形或卵状披针形，先端急尖。花枝单生，直立，花蓝紫色。

喜阳，耐-20℃低温，也耐热，但在夏季应适当遮阴，避免强光直射。应用于花境、岩石园和盆栽。

鸢尾科 Iridaceae

雄黄兰 *Crocosmia × crocosmiiflora*

又称火星花。植株高约 50 cm，具球茎。叶线状剑形。复圆锥花序；花漏斗形，橙红色。花期为 7—8 月。原产自南非。

南方可露地栽培。喜阳，耐寒，适宜在水分充足但排水良好、疏松肥沃的砂质土壤中生长。应用于花境、花坛，也可用于盆栽和切花。

'乔治戴维森'雄黄兰
Crocosmia × crocosmiiflora 'George Davison'

花橙黄色，鲜艳，花量大。直立性好，在花期不倒伏。

射干 *Iris domestica*

植株高 60～120 cm。叶互生，剑形。花序顶生，叉状分枝，每条分枝的顶端聚生花数朵。花色丰富，有浅黄色、黄色、橙色和蓝紫色。蒴果，倒卵形或长椭圆形，黄绿色。花期为 6—8 月。原产自我国。

喜阳光充足、温暖的环境，耐旱，耐寒。栽培以肥沃疏松、地势较高、排水良好的砂质土壤为佳，也适应中性或微碱性土壤，忌低洼地和盐碱地。应用于花境、庭院、岩石园。

糖果鸢尾
Iris × norrisii

由野鸢尾为母本与射干杂交获得的品种。花色丰富，有紫黑色、粉红色和复色，外花被上还有不同颜色的斑点。单朵花的开放只有一天，但是开花量大，整株开花长达 20 天。耐寒，耐旱，耐贫瘠。优良的夏季观花植物，应用于花境、地被、岩石园等，也可用于切花。

'柠檬糖'糖果鸢尾
Iris dichotoma × domestica 'Lemon Candy'

植株高 80～100 cm。花柠檬黄色，花冠较小，但花量大，单株开花 50 余朵。花期为 7—8 月。耐盐碱，耐贫瘠。应用于花境和切花。

有髯鸢尾 Bearded Iris

名称源自特有的垂瓣基部具有的厚重的髯毛。由香根鸢尾（*Iris pallida*）、黄褐鸢尾（*I. variegata*）和喀什米亚鸢尾（*I. kashmeriana*）等原生种杂交获得，是鸢尾属中品种最丰富的园艺类群，也是欧美国家营建鸢尾专类园的主题植物。由于德国鸢尾是有髯鸢尾的重要亲本之一，人们常将有髯鸢尾误称为"德国鸢尾"。

喜生长在向阳的中性至弱碱性（pH 值为 6.5～7.8）土壤中，耐贫瘠，耐旱，耐寒，但忌涝，而江南地区夏季的高温高湿易诱发有髯鸢尾的根腐病和叶斑病，导致植株腐烂或死亡。通常浅植在阳光充足、排水良好的地方，每隔 2～3 年可进行分株。

'布兰尼根'鸢尾
Iris **'Brannigan'**

矮生型有髯鸢尾，植株高 15～20 cm。花紫色。花期为 5 月。

'亮眼'鸢尾
Iris **'Pearl Eyes'**

矮生型有髯鸢尾，植株高 15～20 cm。花橙黄色，髯毛浅紫色。花期为 5 月。

花菖蒲 Japanese Iris

由玉蝉花（*Iris ensata*）杂交选育获得的一个具有东方魅力的鸢尾园艺类群。大部分品种在日本选育获得，又称"日本鸢尾"。花色清新，以紫、蓝、粉和白等色系为主，还有纯色、复色、覆轮、砂子纹和绞纹等样式；花型典雅，有单瓣型、重瓣型和牡丹花型等。花期为5—6月。

喜向阳、肥沃、潮湿的酸性土壤，每隔2～3年可分株。适合在亚热带至温带进行推广，近年来花菖蒲园在我国江南逐渐兴起。应用于专类园、水景园、花境，也可盆栽或作为插花。

'北国佳人'花菖蒲
Iris ensata 'Beauty of North'

由'伊势路之春'花菖蒲与'春之歌'花菖蒲杂交获得。植株高约50 cm。花粉红色；花被片基部颜色较深，边缘渐浅，直径约15 cm。花期为5月中旬。耐湿热，耐寒。

'达普罗'花菖蒲
Iris ensata 'Daparo'

由'葵之小袖'花菖蒲与'青岳城'花菖蒲杂交获得。植株高约50 cm。花直径约15 cm，蓝色，有白色脉纹。花期为5月中旬。耐湿热，耐寒。

'暮云'花菖蒲
Iris ensata 'Dusk Cloud'

由'薄暮'花菖蒲与'雷云'花菖蒲杂交获得。植株高约50 cm。单瓣花，直径约10 cm，蓝色，边缘渐浅。花期为5月中旬。耐湿热，耐寒。

'祥云'花菖蒲
Iris ensata 'Lucky Cloud'

由'葵之小袖'花菖蒲与'青岳城'花菖蒲杂交获得。株高约50 cm。重瓣花，直径约15 cm，蓝色。花期为5月中旬。耐湿热，耐寒。

路易斯安那鸢尾 Louisiana Iris

由分布于美国路易斯安那州南部、田纳西州和佛罗里达州一带的多个鸢尾原生种杂交获得。叶片四季常绿。开花量大，花色有红、粉红、橙、黄、紫、白等。

喜温暖、湿润的环境，以及富含有机质且潮湿的土壤，较耐阴，种植在林缘和全阳条件下，每隔2~3年可分株。可通过片植来营造花海和花田，也应用于水体、岸线和湿地。

'缤纷'路易斯安那鸢尾
Iris 'Colorfic'

植株高约80 cm。每枝花葶开3朵花。花直径约10 cm，垂瓣紫红色；旗瓣白色，中脉紫红色。花期为5月中旬。

'红瑞特'路易斯安那鸢尾
Iris 'Rhett'

植株高约75 cm。每枝花葶开4朵花。花直径约10 cm；垂瓣桃红色，有黄色花斑；旗瓣颜色较浅。花期为5月中上旬。

西伯利亚鸢尾 Siberian Iris

这是原生种西伯利亚鸢尾（*Iris sibirica*）、溪荪（*I. sanguinea*）及两者杂交获得的园艺品种的统称，形态优美。起初花色以蓝紫色和白色系为主，花型简洁，现在增加了黄色、粉红色、茶色、酒红色等花色品种，以及玫瑰花型等重瓣花型。花期为4月。

喜向阳、湿润且腐殖质含量丰富的土壤，每隔2~3年可分株。

'五月之愉'西伯利亚鸢尾
Iris 'Pleasures of May'

植株高60~90 cm。每枝花葶开2朵花。花直径约7.5 cm，浅紫色至近白色；垂瓣基本有黄褐色脉纹，斜向下；旗瓣斜向上。花期为4月下旬至5月上旬。

'颤抖祈祷者'西伯利亚鸢尾
Iris 'Shaker's Prayer'

植株高约25 cm。花直径6 cm，蓝紫色；垂瓣向下，布满黄褐色至白色脉纹；旗瓣竖直向上。花期为5月上旬。

庭菖蒲 Sisyrinchium rosulatum

莲座状草本。植株高15～25 cm。须根纤细，黄白色，多分枝；茎纤细。叶基生或互生，狭条形。花顶生，淡紫色。花期为5月。原产自北美洲。

耐寒性强，能耐-10℃低温，在华东地区四季常绿。应用于盆栽。

智利豚鼻花 Sisyrinchium striatum

多年生常绿草本。植株高60～80 cm。叶丛生，长而窄。穗状花序，细长；花淡黄色，成串。花期为5—6月。

喜光线充足、排水良好的环境，忌高温，不耐涝。应用于花境和花坛。

唇形科 Lamiaceae

匍匐筋骨草 *Ajuga reptans*

植株高 10～20 cm。茎匍匐生长。叶纸质，叶缘具浅圆齿。花蓝色。花期为 4—5 月。

喜半阴环境，不耐阳光直射。耐土壤贫瘠；耐高温，也耐寒，在冷凉条件下生长更好。应用于岩石园、花境。

花叶欧活血丹 *Glechoma hederacea* 'Variegata'

常绿草本。植株高 10～20 cm。茎速生，下垂长达 1.5 m。叶对生；叶片小，肾形或肾圆形，叶缘具粗圆齿，有白色斑块；叶色美丽，具香气。轮伞花序，花冠紫色。

耐阴，喜湿润，较耐寒。应用于盆栽、花坛、庭院。

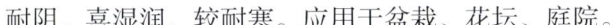

羽叶薰衣草 Lavandula pinnata

植株高 50~60 cm。茎直立,全株有浓密的白色绒毛。叶对生;灰绿色,二回羽状深裂,表面有粉末状物覆盖。花梗长,花穗紫色。

喜阳光充足的环境和排水良好的土壤,较耐热,但夏日应避免阳光直射。既可种植成花海,也可应用于花境或芳香植物专类园。

法国薰衣草 Lavandula stoechas

植株高达 60 cm。老枝褐色。叶互生,叶缘反卷。轮伞花序聚生于枝顶,形成穗状花序;花冠紫红色。

喜光,耐旱,耐寒,忌积水。应用于花坛和花境,也可片植或丛植。

银被薄荷 Mentha longifolia 'Silver-leaved'

植株表面有银白色绒毛。具温和的芳香。花期为 7—8 月。

适应性较强,喜光,喜湿润,耐寒。主要应用于盆栽。

巧克力薄荷
Mentha × *piperita* f. *citrata* 'Chocolate'

叶皱，有浓烈的薄荷味，茎与叶脉深褐色或紫色，老叶会变深褐色。花期为7—8月。

喜阳，喜湿，耐阴，生命力旺盛，易生走茎。主要应用于盆栽。

柠檬薄荷
Mentha × *piperita* f. *citrata* 'Lemon'

植株高30～50 cm。全株比较光滑，但有黄色腺体点缀；整体呈深绿色，略带紫色。叶缘锯齿状。叶片碾碎后，有明显的柠檬香味。紫色花萼上有明显的黄色腺体线。

适应性较强，喜光，喜湿润，耐寒。应用于花境、观叶地被或盆栽。

凤梨薄荷
Mentha suaveolens 'Variegata'

植株高30～80 cm。叶对生；叶片椭圆形至圆形，叶色深绿，叶缘有较宽的乳白色斑。全株有清凉香气，叶片揉搓后气味更浓。花粉红色，单花开放时间为2～3天；主枝上的花先开，分枝上的花后开；各枝条上的开花次序由下而上，时间长达30天。花期为7—8月。

适应性较强，喜光，属长日照植物；喜湿，耐寒，最适生长温度为20～30℃。栽培以中性（pH值为6.5～7.5）的砂质土壤和腐殖质土壤为宜；喜肥，尤以氮肥为主；忌连作。应用于花境、观叶地被、盆栽。

金叶牛至 *Origanum vulgare* 'Aureum'

植株高10～30 cm。全株具芳香。叶片卵圆形或长圆状卵圆形，全缘或有小锯齿，金黄色。伞房状圆锥花序，花冠紫红色或白色。花期为7—9月。

喜光，喜碱性土壤，耐瘠薄，宜植于排水良好处，怕高温高湿，夏季要遮阴、降温及通风，同时注意蚜虫侵害。应用于花坛、花境、盆栽。

橙花糙苏 *Phlomis fruticosa*

植株高 100～150 cm。根肥厚，其中须根肉质。茎木质，多分枝，疏被倒生短硬毛。叶对生；叶片近圆形、卵圆形或长圆状卵形。轮伞花序，其下有较小的苞叶 2 枚；花冠橙黄色。花期为 6—9 月。

对土壤的要求不高，耐瘠薄，但在肥沃（富含有机质）、深厚、疏松、湿润但排水良好的林下砂质土壤中生长最好。主要应用于花境、花甸、庭院。

随意草 *Physostegia virginiana*

植株高 60～120 cm，株型整齐。地上茎直立、丛生，呈四棱状。叶对生；叶片长椭圆至披针形，叶缘有锯齿，亮绿色。穗状花序聚成圆锥花序，顶生；自下往上逐渐开花，小花密集。花冠唇形，玫瑰紫色。花期为 6—7 月。

喜阳光充足、温暖的环境，但不耐暴晒，较耐寒。栽培以疏松、肥沃、排水良好的砂质土壤为宜，夏季干燥时生长不良。应用于花境、片植、盆栽、切花。

白花随意草
Physostegia virginiana 'Summer Snow'

植株高 60～120 cm。穗状花序聚成圆锥花序，顶生。花白色。

大花夏枯草 *Prunella grandiflora*

植株高 15～30 cm。根茎匍匐生长，四棱形，有硬毛。叶卵状长圆形，先端钝，全缘，两面有毛。轮伞花序密集组成长圆形顶生花序，花蓝紫色。

耐寒，喜湿润，对土壤要求不高。应用于花境和岩石园。

凤梨鼠尾草 *Salvia elegans*

多年生亚灌木状草本。茎直立，丛生。叶对生；叶片卵形，翠绿色，具有菠萝味的甜香气。花序顶生；花管状，红色。花期为9—11月。

喜温暖、湿润的环境，冬季要注意防寒。在肥沃的土壤中生长良好；不耐涝，夏季要避免积水。摘除顶芽有助于植株矮化，促进侧枝生长。应用于花境、花甸、芳香植物专类园。

'金色佳肴' 凤梨鼠尾草
Salvia elegans 'Golden Delicious'

叶金黄色，鲜艳亮丽，揉搓后有菠萝气味。花鲜红色。花期为9—11月。应用于花坛、花境和岩石园。

樱桃鼠尾草 Salvia greggii

多年生亚灌木状草本。植株高100～150 cm。叶对生；叶片披针形、椭圆形或卵形，有淡樱桃香味；叶缘锯齿状。总状花序；花萼合生，钟形或二唇形，宿存；花量大。花冠唇形，有桃红、深红、粉红、杏黄、白等颜色。花期为5—11月。原产自美国和墨西哥。

喜常年温暖的环境，耐热，不耐寒，冬季要注意保暖。应用于花境、庭院、岩石园、盆栽。

蓝黑鼠尾草

Salvia guaranitica 'Black and Blue'

植株高40～70 cm。叶对生；叶片长圆形，先端渐尖，基部楔形，叶脉明显，边缘具锯齿。轮伞花序，组成总状圆锥花序或穗状花序；花冠蓝色，冠檐二唇形，等长；花萼蓝黑色。花果期为4—10月。

适应性强，喜阳光充足、温暖的环境；一般不择土壤，但不耐涝，而在富含腐殖质、排水良好的砂质土壤生长好。应用于花境、庭院、岩石园，可成片种植或丛植。

墨西哥鼠尾草 Salvia leucantha

植株高100～160 cm。茎直立，四棱形，嫩茎有浓密的白色绒毛，长势强健。叶对生，有柄；叶片披针形，有毛且有香气，叶缘有细钝锯齿，叶脉清晰、下凹。总状花序，有蓝紫色绒毛。小花2～6朵轮生，顶生花序上着生花30轮以上，花量大。花冠唇形，白色；花萼钟形，紫色，被绒毛。开花时间长，从9月上旬延续到霜降。原产自墨西哥。

喜光，稍耐阴，适应温暖、湿润的环境；若遇严寒，可适当覆草进行保暖。适应性强，几乎无病虫害，种植范围广，群植效果甚佳。应用于花境、花甸、庭院、盆栽、切花。

蓝霸鼠尾草 *Salvia* Mystic Spires Blue ('Balsalmisp')

植株高 60～100 cm。茎直立，丛生。叶对生；叶片卵形，叶缘锯齿状。小花密集；花冠紫色，花萼钟形、蓝色。花期为 5—6 月。

耐旱，耐寒，不择土壤，但在排水良好、土质疏松的中性或微碱性土壤中生长更好。应用于花境、庭院、盆栽。

迷迭香 *Salvia rosmarinus*

植株高 100～150 cm。茎和老枝圆柱形，表皮暗灰色，有不规则纵裂，呈块状剥落；嫩枝四棱形，有浓密的白色、星状的细绒毛。叶常在枝上丛生，具极短的柄或无柄。花近无梗，对生；花冠蓝紫色。花期为 11 月。

喜温暖的环境，较耐旱，适应排水良好的砂质土壤。应用于花境、岩石园、芳香植物专类园、盆栽。

匍匐迷迭香
Salvia rosmarinus 'Prostratus'

常绿匍匐型灌木。植株高 30～50 cm。叶在枝上丛生，花淡蓝紫色。

耐寒，耐旱，在湿热环境下长势弱，喜排水良好的土壤。应用于花境、岩石园和组合盆栽。

'罗马美人'迷迭香
Salvia rosmarinus 'Roma Beauty'

植株高约 100 cm。叶线形，花淡蓝色，都有浓郁香味。耐寒，耐旱，喜排水良好的土壤。应用于花境和岩石园。

天蓝鼠尾草 *Salvia uliginosa*

植株高 30～90 cm。全株组织内含挥发油，具强烈芳香和苦味，略有涩味。茎基部略微木质化，四棱形，分枝较多，有毛。叶对生；叶片银灰色，长椭圆形，全缘或具钝锯齿，上面密布白色绒毛。花冠唇形，6～10 朵轮生，开于茎顶或叶腋；花紫色或青色，有时白色。花期为 5—9 月。

喜阳光充足但稍有遮阴、温暖、通风的环境，耐 -15℃的低温。耐旱，不耐涝；一般土壤均可生长，但在排水良好的微碱性石灰质土壤生长最好。应用于花境、庭院、岩石园，可成片种植或丛植。

绵毛水苏 *Stachys byzantina*

植株高约 60 cm。茎直立，四棱形，有浓密的灰白色丝状绵毛。叶片长椭圆形，质厚，两面均有浓密的灰白色丝状绵毛，侧脉不明显；叶柄近于扁平，有浓密的灰白色丝状绵毛，基部半抱茎。轮伞花序，花多，花冠紫色。花期为 7 月。

喜阳光充足、高温的环境，以及排水良好的土壤，可耐 -20℃低温，也耐旱。应用于花境、岩石园、庭院、花坛色带。

粉花香科科 *Teucrium chamaedrys*

植株高 30～40 cm，株型紧凑。叶绿色，叶缘有齿。喜光照良好的环境，不耐阴，耐寒，以排水良好的土壤为宜。应用于岩石园、花境和组合盆栽。

水果兰 *Teucrium fruticans*

植株高 100～150 cm。全株银灰色，有白色绒毛，以叶背和小枝最多；小枝四棱形。叶对生，叶片卵圆形，全年呈淡蓝灰色。春季枝头悬挂淡紫色小花，开花时间 1 个月左右。

喜光，生长迅速，耐修剪。耐旱，只要排水良好，在非常贫瘠的砂质土壤也能正常生长。应用于花境、庭院和矮绿篱。

柠檬百里香 *Thymus × citriodorus*

植株高约 20 cm。茎基部匍匐，上部直立。全株具柠檬香味。叶对生，叶片卵圆形。头状花序，花粉红、紫红色。

喜阳光充足的环境和排水良好的土壤；耐寒，耐旱，不耐高温或高湿。应用于花境、花坛、岩石园。

'杰克'百里香 *Thymus* 'Jekka'

植株高约 25 cm。叶绿色，披针形，有浓郁香味。花小，管状，白色。

喜阳光充足、通风的环境，以及排水良好的深厚土壤。应用于花坛、花境和岩石园，也可盆栽。

花叶宽叶百里香
Thymus pulegioides 'Foxley'

植株高约 25 cm，茎匍匐生长。叶披针形，有浓郁香味；叶脉周围绿色，叶缘金黄色。花小，管状，粉紫色，花期较长。

喜阳光充足、通风的环境，以及排水良好的深厚土壤。应用于花境、岩石园，也可盆栽。

百合科 Liliaceae

台湾油点草 Tricyrtis formosana

植株高约 60 cm。茎细柔弱。叶狭椭圆形，两面绿色。聚伞花序；花被白紫色，散布紫色斑点。

喜阴凉、湿润的环境，以及排水良好的土壤，耐寒。应用于林下地被或花境。

亚麻科 Linaceae

宿根亚麻 Linum perenne

植株高 40～50 cm，基部多分枝；茎丛生，直立且细长。叶互生，披针形，浅蓝绿色。聚伞花序，花淡蓝色。

喜光，耐寒，不耐湿，适应排水良好的土壤。应用于花境、花甸、岩石园，还可片植或丛植。

芭蕉科 Musaceae

地涌金莲 Musella lasiocarpa

具水平方向的根茎。假茎矮小，高不到 60 cm；基径约 15 cm，基部不膨大，有宿存叶鞘。叶片长椭圆形，长 50 cm，宽 20 cm；先端锐尖，基部近圆形，两侧对称，有白粉。花序直立，生于假茎上，球穗状，长 20～25 cm；苞片干膜质，黄色或淡黄色；花 2 列，每列 4～5 朵。

喜光照充足、温暖的环境，在 0℃以下时地上部分会受冻，宜在阳坡栽培。应用于旱溪、岩石园、庭院。

柳叶菜科 Onagraceae

月见草 Oenothera biennis

植株高约 50 cm。基生莲座叶丛紧贴地面。基生叶倒披针形,长 10～25 cm,宽 2～4.5 cm;先端尖锐,基部楔形,边缘疏生不整齐的浅钝齿。穗状花序,多不分枝,或在主花序下有次级侧生花序。花瓣黄色,稀淡黄色,宽倒卵形。花期为 5—6 月。

适应性强,耐酸,耐旱,在中性、微碱性或微酸性的土壤中均能生长。应用于花境、岩石园和花海。

山桃草 Oenothera lindheimeri

植株高 50～100 cm。茎直立,多分枝,常丛生,入秋变红色。叶无柄,椭圆状披针形或倒披针形。花序长穗状,生于茎、枝的顶部,不分枝或有少数分枝,直立;花瓣白色或粉红色。花期为 5—10 月。

喜阳光充足、凉爽、半湿润的环境,以及肥沃、疏松、排水良好的砂质土壤,较耐寒。应用于花坛、花境和花甸。

紫叶山桃草
Oenothera lindheimeri **'Crimson Bunny'**

植株高 80～130 cm。全株具粗毛,多分枝。叶片紫色,披针形,先端尖,边缘具波状齿。穗状花序,顶生,细长而疏散。花小而多,桃红色。花期为 5—10 月。

'烟花白色'山桃草
Oenothera lindheimeri 'Sparkle White'

花序长穗状，生于茎、枝的顶部；花白色。花期为5—10月。

美丽月见草 *Oenothera speciosa*

植株高 30～60 cm。茎丛生，具匍匐性，有柔毛。叶片倒披针形，先端锐尖或钝圆；叶柄淡紫色。单花，生于茎、枝上部叶腋；花瓣具明显的紫红色羽状脉，初开时为淡粉色，后转为水红色；花蕊黄色。花期为4—5月。

喜阳光充足的环境和排水良好的土壤，长势强健，非常耐旱，耐寒。应用于花境、岩石园、花海。

兰科 Orchidaceae

小白及 *Bletilla formosana*

植株高 15～50 cm。假鳞茎扁卵球形，较小，上面具似荸荠的环带，富黏性；茎纤细或较粗壮，具 3～5 枚叶。叶狭披针形至狭长圆形。总状花序，具花 2～6 朵，花序轴呈"之"字形。花瓣淡紫色或粉红色，罕白色，花蕊黄色；萼片和多数花瓣狭长圆形，花瓣先端稍钝；唇瓣椭圆形，长 15～18 mm，宽 8～9 mm，中部以上 3 裂。花期为 4—6 月。

喜温暖、湿润的环境，以及肥沃（富含有机质）、疏松、排水良好的砂质土壤。应用于地被、花境。

黄花白及 *Bletilla ochracea*

植株高 25～55 cm。茎较粗壮；假鳞茎扁斜卵形，较大，上面具似荸荠的环带，富黏性。叶长圆状披针形，先端尖，基部收狭成鞘并抱茎。花序具 3～8 朵花，通常不分枝或少量分枝。萼片和多数花瓣外面黄绿色，内面黄白色，罕白色；唇瓣椭圆形，淡黄色，具红色斑块。花期为 6—7 月。

喜温暖、湿润的环境，以及肥沃（富含有机质）、疏松、排水性良好的砂质土壤。应用于花境、庭院。

白及 *Bletilla striata*

植株高 20～60 cm。花大，紫红色或粉红色；萼片和多数花瓣长度相近，狭长圆形；唇瓣具 5 条纵褶片，从基部伸至中裂片的近顶部。花期为 4—5 月。

喜温暖、半阴的环境，以及深厚、肥沃、疏松、排水性良好的砂质土壤，忌强光直射；温度高于 35℃时叶片容易受伤，持续高温会造成地上部分枯萎，因此夏季应适度遮阴。应用于花境、庭院、盆栽。

芍药科 Paeoniaceae

芍药 *Paeonia lactiflora*

植株高 40～70 cm。根粗壮，分枝黑褐色。下部的茎生叶为二回三出复叶，上部的茎生叶为三出复叶；小叶狭卵形、椭圆形或披针形。花数朵，生于茎顶和叶腋，有时仅顶生 1 朵。花期为 5—6 月。

喜阳光充足、冷凉的环境，以及深厚、湿润、排水良好的土壤，耐寒。主要应用于花坛、花境、盆栽，或散植于林缘、山石畔和庭院，也作鲜切花。

'查尔斯白' 芍药
Paeonia lactiflora 'Charles White'

植株高 80～90 cm。单茎，粗壮。重瓣花，有微香；外部是宽大的白色花瓣，内部是由雄蕊瓣化形成的黄色花心。花期早。花多，适合作切花。

'珊瑚魅力' 芍药
Paeonia 'Coral Charm'

植株高 80～90 cm。半重瓣花，花大，碗状；雄蕊暗黄色，心皮亮粉红色；花瓣初开时为珊瑚粉色，开放后期变为奶黄色。

'宝拉·费伊' 芍药
Paeonia 'Paula Fay'

丰花型杂交品种。植株高 80～90 cm。半重瓣花，花瓣约 5 轮，亮粉红色。花期较早。

'粉红夏威夷珊瑚' 芍药
Paeonia lactiflora 'Pink Hawaiian Coral'

丰花型杂交品种。植株高 70～80 cm，茎长势强健。半重瓣花，花瓣粉珊瑚色；雄蕊黄色，有香味。花期早。

车前科 Plantaginaceae

穗花婆婆纳
Pseudolysimachion spicatum

植株高约 45 cm。叶对生，近无柄；叶片披针形至卵圆形，具锯齿。花蓝色或粉红色，形成紧密的顶生总状花序。花期为 6—8 月。

喜阳光充足的环境，以及肥力中等、排水良好的土壤，耐高温。应用于地被、花境。

'品蓝'卷毛婆婆纳
Veronica teucrium 'Royal Blue'

匍匐生长，冠幅可达 60 cm；叶丛高约 10 cm，花序高约 30 cm。花深蓝色，五角星形。一般在春末和夏初大量盛开。

耐寒，耐热；在全日照和半阴条件下均生长良好，但应避免潮湿、排水不良的土壤。如果开花后及时修剪，夏末到秋初可再次绽放。应用于花境。

白花丹科 Plumbaginaceae

阔叶补血草 Limonium platyphyllum

植株高 30～50 cm。茎细长，多分枝，莲座状。聚伞圆锥花序，顶生。花淡蓝色，花冠 5 裂，基部合生；花萼筒管状。花期为 6—10 月。

喜阳光充足、干燥、凉爽、通风的环境，忌潮湿、闷热，较耐寒，耐旱；在疏松透气的微碱性土壤中生长良好。常用作插花花材，也可制成干花。

花葱科 Polemoniaceae

丛生福禄考 Phlox subulata

多年生常绿草本。植株矮小，丛生，散开；茎多分枝，有柔毛。叶对生或簇生于节上，无叶柄。花数朵生于枝顶，形成聚伞花序；花梗纤细，有浓密的短柔毛。花期为 4—5 月。

耐旱，耐贫瘠；既耐高温，又耐寒，温度 -8℃ 时叶片仍呈绿色。常用扦插或分株方式繁殖。春季萌发新枝时，需增加喷灌以提高土壤含水量和空气湿度，同时要防治叶枯病。应用于花坛、花境、岩石园、地被等。

蓼科 Polygonaceae

千叶兰 *Muehlenbeckia complexa*

植株匍匐丛生或悬垂状生长，茎红褐色。叶互生，叶片心形或圆形。花期为秋季。

喜温暖、湿润的环境，在阳光充足和半阴处都能生长，冬季可耐0℃左右的低温。应用于地被、花境、盆栽、垂直绿化。

'霓虹'千叶兰
Muehlenbeckia complexa 'Spotlight'

枝条棕黑褐色；叶片椭圆形，有光泽。在冬春季节，新叶彩色，观赏性好；在夏季，叶片花纹变淡。

'红龙'蓼
Persicaria chinensis 'Red Dragon'

植株高 40～80 cm。地上茎直立，具分枝；根茎细长。叶片三角状卵形，紫红色；叶柄基部有抱茎叶耳。头状花序，数个排列成聚伞花序。花萼白色或粉红色。花被在果期膨大，肉质。

喜光，耐阴，耐寒，耐瘠薄。栽培以疏松、肥沃、排水良好的土壤为宜。应用于花境、路边或疏林下。

红脉酸模 *Rumex sanguineus*

叶互生；叶片全缘或边缘具粗锯齿，叶脉和叶柄紫红色。穗状花序顶生或腋生，数个排列成圆锥花序；花被浅红色或白色，4 深裂。花果期为 5—8 月。

喜阴湿环境，耐寒。栽培以疏松、肥沃、排水良好的土壤为宜。主要应用于花境。

报春花科 Primulaceae

紫叶过路黄 Lysimachia congestiflora 'Midnight Sun'

多年生蔓性草本，植株一般不高于 20 cm。叶片卵圆形，春秋季为深紫色，夏季颜色变淡。花小，黄色，杯状。花期为 5—6 月。

喜光，也耐半阴；高温季节需避免暴晒，可耐 -15 ℃低温；不耐旱。优良的彩色地被植物，可作为色块或盆栽。

金叶过路黄 Lysimachia nummularia 'Aurea'

多年生蔓性草本，匍匐生长，植株高约 10 cm。茎长达 1 m 以上；茎节较短，节间能萌发地生根。叶对生。叶片卵圆形；3—11 月初呈金黄色，11 月底变为淡黄或绿色，气温 -5 ℃左右时转为暗红色。花杯状，黄色。花期为 5—7 月。

喜光，也耐半阴；耐 -15 ℃的低温；耐旱。以无性繁殖为主。优良的彩色地被植物，可作为色块或盆栽。

毛茛科 Ranunculaceae

杂交铁筷子 *Helleborus* × *hybridus*

多年生常绿草本。植株高 30～50 cm。上部分枝，基部有 2～3 枚鞘状叶。根肉质，入土很深。花从外部看好像有 5 枚"花瓣"，它们实际上是萼片。真正的花瓣变态成杯状的蜜腺，环绕成一圈，生长在萼片的基部，蜜腺里面有花蜜；花授粉后，萼片会宿存数月。花瓣颜色丰富，从黄绿色、白色，到红色、粉红色，以及灰黑色和深紫色；花型多样，从单瓣到银莲花型、重瓣。花期从 12 月至翌年 4 月。

喜欢散射光，春秋季节给予足够光照有利于生长和翌年开花。稍耐旱，稍耐湿，生长季需保持土壤湿润，但不能积水。主要应用于花境、岩石园、林下地被；也可盆栽，但需较深的盆器和疏松透气的介质。

蔷薇科 Rosaceae

委陵菜 *Potentilla chinensis*

植株高 20～70 cm。基生叶为羽状复叶，有小叶 5～15 对；小叶对生或互生，长圆形、倒卵形或长圆披针形，边缘羽状中裂；裂片三角卵形、三角状披针形或长圆披针形。伞房状聚伞花序，基部有披针形苞片，外面密布短柔毛；花直径约 1 cm。花果期为 4—10 月。

对土壤的要求不高，适宜栽植在荫蔽的环境。

黄花委陵菜 Potentilla chrysantha

植株高 20～70 cm，有稀疏的白色柔毛。基生叶为羽状复叶，小叶倒卵状长圆形；茎生叶下部 5 出叶，上部 3 出叶。伞房状聚伞花序，花瓣黄色。花果期为 5—8 月。

喜疏松、肥沃、排水好的土壤。应用于花境、地被。

莓叶委陵菜 Potentilla fragarioides

植株丛生，高 8～25 cm。基生叶为羽状复叶，有小叶 2～3 对，稀 4 对；小叶倒卵形、椭圆形或长椭圆形。伞房状聚伞花序，顶生，多花，松散；花梗纤细。萼片三角卵形；花瓣黄色，倒卵形。

对土壤的要求不高，适宜栽植在荫蔽的环境。

芸香科 Rutaceae

芸香 Ruta graveolens

全株具有浓烈的香味。叶片为二至三回羽状复叶，长 6～12 cm，末回小羽裂片短匙形或狭长圆形。花金黄色；花瓣 4 枚，覆瓦状排列，边缘撕裂，呈流苏状。

喜温暖湿润、全阳或半阴的环境，耐寒、耐旱，多生长在中等肥沃、排水良好的土壤中。主要应用于花境、岩石园。皮肤接触可能会引起光照性皮炎。

'蓝色杰克曼'芸香
Ruta graveolens 'Jackman's Blue'

植株高约 70 cm，株型紧凑。叶片蓝灰色，末回小羽裂片圆形至宽卵形。夏季开花。

三白草科 Saururaceae

鱼腥草 *Houttuynia cordata*

植株高 30～60 cm，具有强烈气味。茎下部伏地，节上轮生小根。叶片薄纸质，有腺点，卵形或宽卵形，背面常呈紫红色；有托叶。穗状花序，花黄棕色。蒴果。花期为 4—7 月。适宜栽培在沟边、溪边或林下湿地。

花叶鱼腥草
Houttuynia cordata 'Chameleon'

叶片心形或宽卵形，具红色、绿色、褐色或黄色斑块。花期为 4—9 月，果期为 6—10 月。

喜温暖、湿润的环境；对土壤、水质要求不高，但在肥沃、中性土壤中生长良好。适合点缀园林水景。

虎耳草科 Saxifragaceae

落新妇 *Astilbe × arendsii*

植株高 50～100 cm。根茎粗壮，暗褐色，有须根多数。基生叶为二至三回三出羽状复叶；顶生小叶菱状椭圆形；侧生小叶卵形至椭圆形，先端短，渐尖至急尖，边缘有锯齿；基部小叶楔形、浅心形至圆形。圆锥花序，花密集。花果期为 6—9 月。

喜半阴、湿润的环境，耐寒；对土壤适应性较强，但在中性或微酸性、排水良好的砂质土壤生长最好。应用于花境、盆栽、切花。

奇幻系列
Astary Series

植株高 20～25 cm，应用于盆栽或地栽。这是第一个不需经春化处理就可开花的落新妇品种。

繁星系列
Telstar Series

植株高 30～40 cm。叶纤细。羽状花穗密集，直立。花色有白色、乳白色、粉红色和红色等。应用于花境或盆栽。

矾根类 *Heuchera* cvs.

植株高 20～50 cm，冠幅 25～70 cm。根浅。叶基生，宽心形，在温暖地区常绿。花小，钟形，两侧对称。花期为 4—10 月。

喜半阴，耐强光；耐寒，耐旱；对土壤适应性强，但以深厚、肥沃（富含腐殖质）、排水良好的中性砂质土壤为宜。病虫害少，较耐粗放管理。分株繁殖，可在春秋季节进行处理。上海在矾根种质资源收集与评价、种苗繁育、园林应用等方面起步早，现在已将矾根广泛应用于花境、地被、家庭阳台、盆栽、庭院种植。

'午夜玫瑰'矾根
Heuchera 'Midnight Rose'

株型平整。黑色的叶片上散布着粉红色斑点，斑点随生长不断变大、变亮，最终变成奶油色。花钟形，白色。花期为 4—5 月。适宜丛植和盆栽。

'上海'矾根
Heuchera 'Shanghai'

植株矮小，分枝多，株型紧凑，呈小丘形。叶银紫色，冬季是最佳观赏期。花乳白色，着生在深紫色的花序上。花期主要在 5—6 月，秋季可重复开花。应用于花境、片植、盆栽。

'莱姆里基'矾根
Heuchera 'Lime Rickey'

又称"'柠檬利克酒'矾根"。叶色在春季为金黄色，在夏季到冬季为青柠檬色；叶缘有波状起伏。这是少见的矾根品种，易与其他植物搭配，也是市场最畅销的矾根品种之一。花期为 5 月。

'里约'矾根
Heuchera 'Rio'

又称"'里奥'矾根"或"'鸡尾酒'矾根"。株型较大，是上海最适生的矾根品种之一。叶色变化大，正面从桃红色变成琥珀色、黄褐色，甚至黄琥珀色；背面为红色。叶缘波状。花白色，着生在栗色花柄上。主要花期为 5—7 月，秋季可重复开花。

'提拉米苏'矾根
Heuchera 'Tiramisu'

叶大且圆，表面平整。叶色随生长季节发生显著变化：早春时的嫩叶黄色，叶脉及其周边深红色；夏季时叶黄绿色或银色，叶脉及其周边的深红色逐渐消失；秋冬时叶脉恢复深红色。花钟形，奶油色。花期为 5—6 月。适宜群植和盆栽。

玄参科 Scrophulariaceae

毛地黄钓钟柳 *Penstemon digitalis*

植株高约 60 cm，全株有绒毛。茎直立、丛生。叶对生；无柄，叶片椭圆形或长圆形。花单生，或 3～4 朵生于叶腋形成总状花序。花白、粉或蓝紫色，形似小灯泡，俗称"电灯花"。花期为 4—5 月。

喜阳光充足的环境，以及肥力中等、排水良好的土壤，耐高温。应用于地被、花境。

'哈克红'毛地黄钓钟柳
Penstemon digitalis **'Husker Red'**

春季时叶紫色；秋季转凉后，基生叶转红，上部叶呈红绿色。花粉红、淡红或白色。

'秘境'毛地黄钓钟柳
Penstemon digitalis **'Mystica'**

叶片在春夏季为紫红色，秋季降温后变红。花色艳丽，开花时间长。耐旱，耐寒。

美女樱 *Glandularia* × *hybrida*

植株高 10～50 cm，全株有细绒毛。茎丛生，四棱形。叶对生，深绿色。穗状花序，顶生；花小而密集，花量大。花白色、粉红色、红色、复色等，具芳香。花期为 5—11 月。

喜光，不耐阴；较耐寒；不耐旱，对土壤要求不高，但在疏松、肥沃、较湿润的中性土壤中易生根。应用于花坛、花境、岩石园等。

水晶系列
Crystal Series

植株高 20～30 cm，冠幅 30～35 cm。匍匐茎长，出苗整齐。花期一致。耐热，也耐轻霜，耐旱，抗白粉病。应用于盆栽（吊盆）、地被。

迷神系列
Obsession Series

植株高 15～20 cm。株型紧凑，同时具良好的分枝性能，分枝匍匐状且抗徒长，适合高密度生产。早花品种，侧枝开花多。

托斯卡尼系列
Tuscany Series

植株高 20～25 cm。株型紧凑，长势强健。发芽、生长和开花均整齐。

马鞭草科 Verbenaceae

柳叶马鞭草 *Verbena bonariensis*

植株高 100～150 cm。茎直立，四棱形，细长但坚韧。叶十字对生，柳叶形，丛生于基部。聚伞花序，着生在花梗顶部。花浅紫色带粉红色，或蓝紫色。花期为 5—9 月，开花时间长。

喜温暖环境，不耐寒，在 10℃以下生长较迟缓。耐旱；对土壤要求不高，排水良好即可。应用于花境、庭院绿化、容器栽培和花海。

'诀窍'柳叶马鞭草
Verbena bonariensis 'Finesse'

植株高 100～120 cm。花穗淡紫色，花色类似薰衣草。花量大，花期超长。耐热，耐湿，养护要求不高。适合片植。

'桑托斯'柳叶马鞭草
Verbena bonariensis 'Suntos'

植株高约 30 cm，冠幅约 120 cm。比其他柳叶马鞭草品种更加矮壮紧凑，可作为矮生地被。应用于花海、花坛和垂吊盆花。

姜科 Zingiberaceae

艳山姜 *Alpinia zerumbet*

植株高 1~2 m，具根茎。总状花序，下垂，花蕾藏于总苞片中。花瓣白色为主，边缘黄色，末端红色，唇瓣扩展，大而美丽，有香气。花期为 4—6 月。

喜光或半遮阴环境。不耐寒，忌霜冻，温度低于 0℃时就可能冻死。应用于景观山石旁、绿地边缘，以及室内、庭院和花园装饰。

花叶艳山姜
Alpinia zerumbet 'Variegata'

叶长椭圆形，两端渐尖，叶面有不规则的金黄色纵斑纹。

3

一二年生草本花卉

爵床科 Acanthaceae

嫣红蔓 *Hypoestes phyllostachya*

多年生常绿草本，多作一二年生花卉栽培。植株高 30～60 cm，冠幅 10～20 cm；盆栽苗高 20～30 cm。枝条易从叶腋长出，生长后略呈蔓性。叶对生，叶腋易发短枝；叶片全缘，卵形或长卵形，叶面密布红色、粉红色或白色斑点。穗状花序；花小，淡紫色。花期为 4—6 月。

喜高温、多湿的环境，以及富含腐殖质、排水良好的砂质土壤；适宜生长温度为 20～30℃，不耐寒，越冬温度宜高于 12℃。观叶为主，适合庭院中的小景点缀，或做成室内观叶盆景。

大五彩系列
Confetti XL Series

植株高 20～25 cm，冠幅约 20 cm。分枝多，长势强健。夏季全日照条件下株高较高，生长周期为 9～11 周。观赏期为春、夏、秋季。

番杏科 Aizoaceae

美丽日中花 *Lampranthus spectabilis*

一年生草本。植株高 10～20 cm。茎丛生。叶对生，肉质，三棱线形，粉绿色。花单生于枝顶，花色丰富，有红色、紫色、白色等。

喜阳光充足、温暖、干燥的环境，不耐寒，不耐高温；栽培以排水良好的土壤为宜，忌积水。应用于花境、岩石园、家庭园艺、盆栽。

苋科 Amaranthaceae

雁来红 Amaranthus tricolor

一年生草本。植株高 60～100 cm。茎直立，绿色或红色，分枝少。叶互生；叶片卵形或菱状卵形，有长柄。观叶期为 6—10 月，其中初秋时上部叶片会变色，普通品种为红、黄、绿三色相间，优良品种则呈鲜黄色或鲜红色，顶部的叶尤为亮眼。花小，单性或杂性，簇生于叶腋，或呈顶生穗状花序。花期为 7—9 月。

喜阳光充足、通风的环境，以及肥沃且排水良好的土壤，不耐寒，耐旱，忌水涝和湿热，较耐碱。应用于花坛、花箱、盆栽、切花。

曙光系列
Aurora Series

短日照观叶植物。茎粗壮。叶色艳丽，顶端的叶片尤其鲜艳，观叶可从春末持续至秋季。适合作背景花材。

三色旗系列
Tricolor Splendens Perfecta Series

茎粗壮，植株较高。顶端的叶片颜色丰富，夏季表现优异。应用于夏季切花生产。

地肤 Bassia scoparia

一年生草本。植株高 50～100 cm。株型紧凑，整株呈卵形或倒卵形。茎直立，圆柱形，淡绿色，低温时变成紫红色。叶披针形，无毛。花被淡绿色。

喜光，耐旱，不耐寒；对土壤要求不高，但以肥沃、疏松、排水良好的土壤为宜。应用于花坛、花境、路缘造景，以及片植或丛植，还可修剪成艺术造型。

鸡冠花 *Celosia cristata*

一年生草本。植株高 30～90 cm。茎粗壮、直立且多棱,分枝少;近上部扁平,绿色或带红色。叶互生,有柄;叶片先端渐尖,全缘。穗状花序,中部以下密生小花多数,每朵小花宿存的苞片和花被片均呈膜质。花色有红、黄、橙等。花期为 7—9 月。

喜阳光充足、温暖、干燥的环境,耐热,不耐寒,不耐涝,对土壤要求不高。应用于花坛、花境、花箱、盆栽。

城堡系列
Castle Series

植株高和冠幅都约 30 cm;高温时植株会偏高,但易出现显色不良、散穗等现象。花期为整个夏季,花色持久。应用于花坛、花境。

世纪系列
Century Series

植株高约 60 cm,花穗长约 30 cm。开花早,花大小整齐,花色丰富、艳丽,花期一致。应用于夏季花坛和切花,可用矮壮素控制株高。

赤碧系列
Chi Bi Series

植株高达 80 cm,冠幅在后期可达 1 m。分枝性好,生长势强,耐热、耐雨性好。观赏期可持续整个夏季和秋季,前期观叶,后期观花。

新视野系列
Fresh Look Series

属于羽状花绿叶系。植株高约 35 cm。长势强健,分枝好,开花时间长。抗病性强,耐高温。

千日红 *Gomphrena globosa*

一年生草本。植株高20~60 cm。茎直立，有分枝，枝条略呈四棱形。叶对生；叶片长椭圆形或矩圆状倒卵形，全缘。头状花序球形，密集，有花梗。花单生，或2~3朵聚生；直径2~2.5 cm，花色有紫、淡紫、粉红、白等。花期为8—11月。

喜阳光充足的环境，以及疏松、肥沃、排水良好的土壤；耐热，耐旱，不耐寒。耐修剪，开花后修剪可再次萌发新枝并开花，花期可持续至霜降。应用于花坛、花境、盆栽、干切花。

焰火系列
Fireworks Series

植株高约1.2 m，生长后期冠幅可达1 m。自然分枝能力强。单株花量大，开花时间长。

小矮人系列
Gnome Series

植株矮小，高约15 cm。花梗强壮，多分枝。花直径约2 cm。花坛的理想用花，也应用于花境、岩石园、花箱、盆栽。

拉斯维加斯系列
Las Vegas Series

分枝密，株型紧凑。喜光，耐热，耐旱，耐雨。开花量较大。

乒乓系列
Ping Pong Series

膝高型，植株高40~50 cm。花梗强健；花为亮丽的深玫红色，直径较大，高温条件下表现出色。应用于盆栽、花坛、切花。

澳洲狐尾 *Ptilotus exaltatus*

多年生草本，多作一年生花卉栽培。植株高 30～40 cm。叶片银绿色。圆锥形穗状花序，花穗长 6～10 cm；花深霓桃红色，边缘带耀眼的银色绒毛。开花时间长。

喜光，耐热，耐旱，适宜生长温度为 15～20℃，温度不能低于 10℃。施用氮肥可促进其侧芽分化。应用于花坛、花境、庭院、盆栽。

'幼兽'澳洲狐尾
Ptilotus exaltatus 'Joey'

植株高 30～40 cm。叶片银绿色。圆锥形花序，花穗长 7～10 cm；花大。喜阳，耐热，耐旱，适应性强。

夹竹桃科 Apocynaceae

长春花 Catharanthus roseus

半灌木状草本，多作一二年生花卉栽培。植株高约 60 cm。茎近方形，有条纹，灰绿色。聚伞花序腋生或顶生，有花 2～3 朵；花萼 5 深裂，萼片披针形或钻状渐尖。花冠红色，高脚碟状或圆筒状。花期为 4—10 月。

喜阳，也耐半阴；喜高温、高湿，不耐严寒，忌湿怕涝。多数土壤可栽培，但应避免盐碱土，以排水良好、通风透气的砂质或富含腐殖质的土壤为宜。应用于花坛、花境、花丛、盆栽。

卡拉系列
Cora Series

植株高 35～40 cm，冠幅 55～60 cm。花较大。生长习性、花期一致，在炎热和潮湿环境中能茁壮生长。

卡拉瀑布系列
Cora Cascade Series

植株高 15～20 cm，冠幅 80～90 cm。花量较大，可覆盖整个植株。应用于花坛和花篮种植。

太平洋系列
Pacifica Series

植株高 20～30 cm。直立生长，基部分枝多。开花早；花大、浑圆，直径约 5 cm。耐酷热。应用于花坛、盆栽。

太阳风暴系列
SunStorm Series

植株高 20～25 cm，冠幅 25～30 cm。株型紧凑，花色丰富。开花早且花密集，是钵栽和小盆栽的最佳选择之一。

菊科 Asteraceae

桂圆菊 *Acmella oleracea*

一年生草本。植株高 20～70 cm。茎直立或斜升，多分枝，紫红色，有纵条纹，无毛或有短柔毛。头状花序，单生或呈圆锥状排列。花期为 4—10 月。

喜阳光充足、温暖、湿润的环境，不耐寒；栽培以疏松、肥沃的土壤为宜，忌干旱。应用于花坛、花境、盆栽。

千里眼系列
Peet-a-boo Series

耐热型品种。植株高 30～38 cm。叶片在全日照条件下呈棕绿色。

藿香蓟 *Ageratum houstonianum*

一年生草本。植株高 30～50 cm。茎粗壮，基部直径约 4 mm；茎和枝淡红色，或上部绿色。叶多为对生，有时上部互生。头状花序 4～18 个，通常在茎顶排成紧密的伞房花序，花序直径 1.5～3 cm，花梗长 0.5～1.5 cm。花冠长 1.5～2.5 mm，淡紫色。花期为全年。

喜阳光充足、温暖的环境，不耐寒，在酷热下生长不良；对土壤要求不高。应用于花坛、花境、庭院、花篮、切花、盆栽。

蓝色视野系列
Blue Horizon Series

高生型品种，株高约 75 cm，冠幅约 20 cm。比常规品种长势更强健、花更大，开花可从晚春持续到秋季，是极佳的背景及切花材料。

夏威夷系列
Hawaii Series

植株矮小，株型整齐。早花，种植后 15～17 周开花。耐干旱和瘠薄的土壤，适宜用作花坛镶边和大面积种植。

雏菊 Bellis perennis

多年生草本，常作一年生花卉栽培。植株高约 10 cm。叶基生；叶片匙形，基部渐狭成柄，上半部边缘有疏钝齿或波状齿，顶端钝圆。头状花序，单生，直径 2.5～3.5 cm；总苞片近 2 层，长椭圆形，顶端钝，外被柔毛。舌状花一层，雌性，舌片白色为主，带粉红色；管状花多数。

喜光线充足、冷凉的环境，耐半阴，忌炎热，对土壤要求不高。应用于盆栽、花境、切花。

拉丁舞系列
Habanera Series

植株高约 12 cm。重瓣花，圆球形，花大且可爱；花量大。

塔苏系列
Tasso Series

植株高约 12 cm。重瓣花，圆球形；花大，直径约 4 cm。花期和习性一致，批量生产和盆栽最佳。

金盏菊 Calendula officinalis

一年生草本。植株高 20～75 cm。茎通常自基部分枝，有腺状柔毛。叶基生，长圆状倒卵形或匙形，全缘或具疏细齿。头状花序，单生于茎、枝的顶端，直径 4～5 cm；总苞片 1～2 层，披针形或长圆状披针形；管状花檐部具三角状披针形裂片。花期为 4—9 月。

喜凉爽的环境，以及肥沃、疏松、排水良好的土壤，较耐旱。冬季气温 10℃ 以上会发生徒长；夏季气温升高时，茎叶生长旺盛，花直径变小，花瓣数显著减少。应用于花坛、花境、花丛、盆栽。

海中女神 II
Calypao II Series

植株高 10～15 cm，冠幅 15～20 cm，株型紧凑。花瓣厚实，重瓣率高，抗灰霉病。花期早。

翠菊 *Callistephus chinensis*

一年生或二年生草本。植株高 30～100 cm。茎直立，单生，有纵棱和白色粗毛，长势强健。根浅。头状花序，单生于茎、枝顶端，直径 6～8 cm，有长的花序梗。总苞半球形，宽 2～5 cm；总苞片 3 层，近等长，紫色。原生种雌花 1 层，但在栽培中可为多层，花色为红色、淡红色、蓝色、黄色或淡蓝紫色。花果期为 5—10 月。

喜阳光充足、湿润的环境，在高温、高湿环境下易受病虫危害。不择土壤，但在肥沃的砂质土壤中生长较佳，干燥季节应注意水分供应，不耐涝。高型品种适应性较强；中矮型品种适应性较差，要精细管理。应用于花坛、花境、盆栽、切花。

蓬蓬系列
Bontia Series

花开放后越来越像绒球，但比一般绒球品种更抗枯萎病。主枝强壮，侧枝丰富且紧凑。

节日系列
Gala Series

植株高约 80 cm。茎直立，为翠菊商品切花中茎长势最强健壮的品种之一。花序饱满，直径约 9～10 cm。

黄晶菊 Coleostephus multicaulis

二年生草本。植株高 15～20 cm。茎具半匍匐性。叶互生，肉质；叶片长条匙状，羽状分裂或深裂。头状花序，顶生，盘状；花梗挺拔，花小而繁多。花金黄色，直径 2～3 cm；边缘为扁平的舌状花，中央为筒状花。单花寿命一般为 8～13 天，花期为 3—5 月。

喜阳光充足、凉爽的环境，光照不足时开花不良。能适应不同类型的土壤，但在疏松、肥沃、排水良好的砂质土壤中生长较好。应用于花坛、花丛、盆栽。

闪亮系列
Upright Yellow Series

直立型品种，但在低温、短日照环境下难以保持直立生长。春季表现突出，耐运输。

波斯菊 Cosmos bipinnatus

一年生草本。植株高 100～150 cm。茎无毛或稍有柔毛；根纺锤形，多须根。叶二回羽状深裂，裂片线形或丝状线形。头状花序，单生，直径 3～6 cm；花序梗长 6～18 cm。舌状花紫红色、粉红色或白色，舌片椭圆状倒卵形，有 3～5 枚钝齿；管状花黄色，长 6～8 mm。花期为 6—8 月。

喜阳光充足、温暖的环境，以及肥沃、疏松且排水良好的土壤，不耐寒，忌积水，耐旱。应用于花坛、花境、花丛等大面积种植。

阿波罗系列
Apollo Series

株型紧凑，分枝性好。花梗短但强健；花大，花型好，花瓣无间隙。

奏鸣曲系列
Sonata Series

花色丰富且纯正，能在花盆和盆器中开花，易栽培。

硫华菊 Cosmos sulphureus

一年生草本，又称黄秋英。茎多分枝。叶对生；叶片为二回羽状复叶，深裂，裂片披针形，有短尖，叶缘粗糙。在华东地区，如果自早春到初夏分期播种，则从初夏到暮秋都可开花。春播的植株花期为6—8月，夏播的植株花期为9—10月。

喜阳光充足的环境，在荫蔽处不易开花；不耐寒。对土壤要求不高，但以排水良好的土壤为宜。应用于花境、片植、丛植。

宇光系列
Cosmic Series

植株高约30 cm。半重瓣花，花量大，开花时间长。耐热。

南非万寿菊 Dimorphotheca ecklonis

多年生草本，作一二年生花卉栽培。矮生种，植株高20～30 cm。茎绿色。头状花序，多数簇生成伞房状；单瓣花，直径5～6 cm，花色有白、粉红、红、紫红、蓝、紫等。花期为6—10月。

喜阳光充足、湿润、通风的环境，以及疏松、肥沃的砂质土壤，可耐-5℃的低温，耐旱。分枝性强，不需摘心。常用作反季节花卉，在温室栽培时花期更长。应用于花坛、花境、盆栽。

艾美佳系列
Akila Series

植株高40～50 cm。株型紧凑，分枝性强，不需摘心。不需春化处理便可开花，花色艳丽，定植后可耐旱。

亚士蒂系列
Asti Series

单一花色品系。植株高30～40 cm。长势强健、整齐。应用于盆栽、地栽。

多榔菊 Doronicum orientale

多年生草本，作一二年生花卉栽培。植株高 25～30 cm。茎单生，直立，绿色，有时上部紫红色。头状花序单生于茎顶，具长花序梗，连同舌状花直径 3～4 cm。花期为 6—8 月。

喜温暖的环境，不耐寒，忌酷热；对水肥要求较多，栽培需遵循"淡肥勤施、量少次多、营养齐全"的原则。应用于花坛、花境、岩石园、盆栽。

莱昂纳多紧凑型系列
Leonardo Compact Series

植株生长一致性好，分枝能力强。适合在直径 11～14 cm 的花盆种植。

多柳菊 Doronicum pardalianches

多年生宿根草本，作一二年生花卉栽培。根茎细，直立或斜升，颈部残存褐色叶基。基部叶和匍匐枝上的叶具长柄，叶片倒卵状长圆形。头状花序单生于茎顶；花管状，花冠黄色。花期为 7—8 月。

对光不敏感，耐寒，不耐高温、高湿，喜盐度低、疏松的腐殖土。应用于花坛、花境、盆栽、切花。

幼狮系列
Little Leo Series

植株高 30～40 cm，株型紧凑。花色艳丽，花直径约 5 cm；开花可持续到 5 月。耐寒。应用于花境、岩石园。

勋章菊 *Gazania rigens*

多年生草本，作一二年生花卉栽培。植株高 20~40 cm，有丛生和蔓生 2 种株型。具根茎。叶丛生在根部；叶片披针形或倒卵状披针形，全缘或有浅羽状分裂，叶背有浓密的白毛。头状花序，单生。花直径 7~12 cm，有舌状花和管状花两种形态，其中舌状花单轮或 1~3 轮；花瓣颜色有白、黄、橙红等，部分花瓣有条纹，花心处多有黑色、褐色或白色的眼状斑块。花期为 5—10 月。

喜阳光充足、凉爽的环境，以及肥沃、疏松、排水良好的砂质土壤，半耐寒，耐旱，耐土壤贫瘠。应用于花坛、花境、庭院、切花、盆栽。

大笑吻系列
Big Kiss Series

植株高 25~30 cm。植株紧凑，枝条繁多。花梗强健；花色较为独特，花直径达 11 cm。喜炎热，耐涝。

笑吻系列
Kiss Series

植株高 20~25 cm。株型紧凑，枝条繁多，花多重绽放。比同类品种提早 10~12 天开花，适合在春季栽种。

'金色达科他'苦味堆心菊
Helenium amarum 'Dakota Gold'

植株高 30~40 cm，冠幅 60~70 cm，株型紧凑。花色为艳丽的金黄。花期为 7—11 月。长势强健，适应性强，养护简单。

向日葵 *Helianthus annuus*

一年生高大草本。植株高 100～300 cm。茎直立，粗壮。叶互生；叶片心状卵圆形或卵圆形，顶端尖。头状花序大，直径 10～30 cm，单生于茎顶或枝顶，常下倾。总苞片多层，叶质，覆瓦状排列。舌状花多数，黄色；管状花极多，棕色或紫色，有披针形裂片。花期为 7—9 月。

喜温暖的环境，在适宜温度范围内温度越高，生长越快；对土壤要求较低，有较强的耐盐碱能力。应用于花坛、花境、花篱、切花、盆栽。

无限阳光系列
Sunfinity Series

植株高 40～70 cm。生长时间短（10～12 周），生长力旺盛；花芽分化力强，可持续开花 3 个月左右。抗白粉病和霜霉病。花无花粉，可作为切花。

文森特 2 系列
Vincent 2 Series

植株高 100～150 cm。单瓣单头花，直立切花型，株型整齐。茎较粗壮，顶端叶片小。花直立向上，花瓣圆润，扎成花束后立体感极强。喜阳，适应所有土壤。

火绒草 Leontopodium leontopodioides

多年生草本，作一二年生花卉栽培。植株高 5～45 cm。地下茎粗壮，被短叶鞘包裹，无莲座状叶丛；地上茎直立，有长柔毛。叶直立，条形或条状披针形，两面有白色密绵毛。苞叶少数，矩圆形或条形，两面有白色或灰白色厚毛。头状花序 3～7 个。花期为 7—10 月。

盆栽宜用肥沃、疏松的土壤，土质不宜过湿，每月施肥一次。应用于岩石园、盆栽、干花。

珠穆朗玛峰系列
Everest Series

市场上第一个耐寒且作为一年生植物栽培的火绒草品种系列。植株紧凑。从夏末开始，在明亮的绿色叶腋处开出大量银白色的星形花。应用于盆花、混合盆栽。

白晶菊 Mauranthemum paludosum

二年生草本。植株高 15～25 cm，长势强健。叶互生，叶片一至两回羽状分裂。头状花序顶生，盘状。花多，色彩分明，直径 3～4 cm，其中边缘为舌状花，银白色；中央为筒状花，金黄色。花期为 3—5 月，每次开花可持续 2～3 个月。

喜阳光充足、凉爽的环境，耐半阴，但光照不足时开花不良；较耐寒，不耐高温；适宜在肥沃、疏松、排水良好的土壤中种植。应用于早春花坛、盆栽。

雪地白色系列
Snowland Series

植株高约 15 cm。花梗长约 4 cm；单瓣花，花蕊黄色。花期早，开花时间长，适合早春种植，地栽效果好。

黄帝菊 Melampodium divaricatum

一年生草本。植株高20～40 cm。株型紧凑,分枝多。茎直立,圆形,无毛;二歧分叉,从分叉处抽生花梗。叶对生,叶片下缘有疏锯齿。头状花序,总苞黄褐色,半球形;周边的花舌状,金黄色,直径约3 cm,形似雏菊。花期从春季持续至秋季,花量大。

喜阳光充足、温暖、干燥的环境,耐阴,耐热,耐旱,忌积水;耐土壤瘠薄,易栽培。应用于花坛、花境、盆栽。

聚宝盆系列
Jackpot Series

矮生型品种,植株高20～25 cm。花金黄色,是夏季市场重要的品种。

柠檬乐趣系列
Lemon Delight Series

矮生型品种,植株高20～25 cm。花淡黄色,集中开放,开花时间长。耐高温、高湿。

瓜叶菊 Pericallis × hybrida

多年生草本,作一二年生花卉栽培。植株高30～70 cm。茎直立,有浓密的白色长柔毛。叶具柄;叶片大而薄,肾形至宽心形,有时上部的叶三角状心形。头状花序,直径3～5 cm;花梗长3～6 cm。花色有紫红、淡蓝、红色或近白色;舌状花舌片开展,长椭圆形;管状花黄色。花期为3—7月。

喜温暖、湿润、通风的环境,不耐高温和霜冻,夜间不宜低于5℃。叶片需保持充足水分,但不能过湿,以不凋萎为宜。应用于花坛、花境、庭院、盆栽。

完美系列
Perfection Series

矮生型,植株高15～20 cm。花多,直径2.5～3 cm。耐寒。7月下旬播种,翌春节前开花。

万寿菊 *Tagetes erecta*

一年生草本。植株高 50～80 cm。茎直立，粗壮，具纵向的细棱；分枝向上开展。叶羽状分裂。头状花序，单生；舌状花花冠黄色或暗橙色，舌片倒卵形，基部收缩，顶端微弯缺；管状花花冠黄色，顶端具 5 个齿裂。花期为 7—9 月。

喜光；冬季温度应不低于 5℃，夏季高温 30℃以上时植株徒长，茎叶松散，开花少。对土壤要求不高，但以肥沃、排水良好的砂质土壤为宜。应用于花坛、花境、切花、盆栽。

安提瓜系列
Antigua Series

植株高 25～30 cm。株型整齐，花期一致。重瓣花，直径约 7.5 cm。

印卡 II 系列
Inca II Series

植株高 30～35 cm，冠幅 30～35 cm。在长日照时生长一致，植株紧凑，分枝好。重瓣花，花大，炎热条件下色彩鲜明，有 4 种亮丽花色（金黄、黄、淡黄、橙）和 1 种混色。花期早，开花时间长。

孔雀草 *Tagetes patula*

一年生草本。植株通常高 30～80 cm。茎直立，通常在近基部处分枝，分枝斜向开展。叶羽状分裂。头状花序单生，直径 3.5～4 cm，花序梗长 5～6.5 cm。舌状花金黄色或橙色，带有红色斑块，舌片近圆形长，顶端微凹；管状花黄色，与冠毛等长，具 5 个齿裂。花期为 7—9 月。

喜阳，耐半阴，对土壤要求不高，生长迅速；耐移栽，适应性强，易管理。应用于花坛、花境、庭院、盆栽。

鸿运系列
Bonanza Series

植株高 25～30 cm。花直径 5～6 cm。本系列以开花早、生长整齐、适应性极强而著名。

迪阿哥系列
Durango Series

植株高 25～30 cm。株型紧凑，分枝性佳，呈灌丛状。开花早，花量大，花期一致。茎强健，极耐运输。

珍妮系列
Janie Series

植株高 20～25 cm，株型紧凑。重瓣花，直径 3～4 cm。在高温条件下，地栽时长势依然强健。

小英雄系列
Little Hero Series

植株矮生，高 18～22 cm，株型紧凑。长势旺盛，耐热性好，生长期较短。花有多种颜色，直径 4～6 cm。

百日草 *Zinnia elegans*

一年生草本。植株高 30～80 cm。茎直立，叶宽卵圆形或长圆状椭圆形。头状花序，花单生于枝顶。总苞宽钟形；总苞片多层，宽卵形或卵状椭圆形。花直径 5～6.5 cm；舌状花深红色、玫瑰色、紫堇色或白色；管状花黄色或橙色。花期为 6—9 月。

喜阳光充足的环境，不耐寒，不耐酷暑；耐旱，耐土壤贫瘠。应用于花坛、花境、盆栽。

梦境系列
Dreamland Series

植株高 25～30 cm。重瓣花，花大，直径 9～10 cm。抗病性好。无须生长调节剂处理，极为适合用作盆花、花坛花、育苗。

麦哲伦系列
Magellan Series

植株高 30～35 cm，冠幅 25～30 cm。生长和开花一致，花色丰富，易种植。

重瓣丰盛系列
Profusion Double Series

重瓣花，抗病性极强，易栽培。

膝高丰盛系列
Profusion Knee High Series

根系发达，对水分和养护要求较低；在强光照下能保持鲜艳的花色，是家庭园艺和切花市场的理想材料。

凤仙花科 Balsaminaceae

新几内亚凤仙 Impatiens hawkeri

多年生常绿草本，作一二年生花卉栽培。植株高 25～30 cm。茎肉质，光滑，青绿色或红褐色；茎节突出，易折断。叶轮生；叶片呈独特的披针形，叶缘具锐锯齿，叶色黄绿至深绿。花主要单生于叶腋，偶有两朵花并生于叶腋。基部花瓣衍生成矩；花色丰富、艳丽。花期为 6—8 月。

喜阳光充足、炎热的环境，以及深厚、肥沃、排水良好的土壤；不耐寒，遇霜时全株枯萎；排水不良、通风不好时，易患白粉病，或根茎腐烂以至落叶。应用于室内盆栽、花坛、花境等。

靓影系列
Florific Series

植株高 20～30 cm，冠幅 30～35 cm。植株长势整齐，分枝茂盛。花大而平整。生长周期相对较短，抗病能力强，可高密度种植。

桑蓓斯系列
Sunpatiens Series

一年生草本，是种间杂交获得的新品系。植株高 60～100 cm，盆栽时冠幅达 60 cm。花量多，目前已有 11 种花色。花期为 4—11 月，可从春季持续开放到霜冻来临前。

喜阳，耐高温，但也耐阴；耐雨，在梅雨季节表现优异；抗病力强，易栽培。应用于花坛、花境、容器、垂吊、漂浮种植等。

非洲凤仙 Impatiens walleriana

一年生草本。植株高 20～30 cm。茎直立，肉质，多分枝。叶互生；叶片披针状卵形，锯齿明显。花单生，数量多。花冠有距；花色鲜艳，丰富，有深红、粉红、紫、淡紫、白等。花期为春秋季。

喜阳光充足、温暖、湿润的环境，忌暴晒，夏季需稍加遮阴；不耐寒，不耐旱，忌积水，在肥沃、疏松、排水良好的砂质土壤中生长良好。应用于花坛、花境、盆栽。

重音系列
Accent Series

植株高 20～25 cm。生长旺盛，种植范围广。

绝地风暴系列
Xtreme Series

植株高 20～25 cm，冠幅 20～25 cm。茎节间短，分枝能力强；生长一致，无徒长习性。开花早，适合高密度生产。

秋海棠科 Begoniaceae

玻利维亚秋海棠 *Begonia boliviensis*

多年生草本，作一年生花卉栽培。块茎呈扁球形；地上茎分枝能力较强，下垂，绿褐色。叶较长，卵状披针形。花瓣狭长，花色有橙红、粉、象牙白等。花期为夏季。

喜半阴、温暖、湿润的环境，不耐寒，不耐旱，忌积水，适应富含腐殖质、排水良好的微酸性土壤。应用于盆栽、垂吊观赏。

波萨诺瓦系列
Bossa Nova Series

植株高 30～40 cm，冠幅 40～50 cm。分枝性良好，具垂吊性。花大且盛开不断，花期从晚春一直持续到初霜。应用于大型盆栽、吊篮。

四季秋海棠 *Begonia cucullata*

多年生肉质草本，常作一二年生花卉栽培。植株高 15～30 cm。根纤维状；茎直立，肉质，无毛；基部多分枝，多叶。叶片卵形或宽卵形，长 5～8 cm；基部略偏斜，边缘有锯齿和睫毛，两面光亮，绿色，但主脉通常微红。花淡红或带白色，数朵聚生于腋生的总花梗上；雄花较大，有花被片 4 枚；雌花稍小，有花被片 5 枚。花期为 3—12 月。

喜温暖、湿润的环境，既怕高温，又畏严寒；喜散射光，但怕盛夏中午强光直射；喜微酸性砂质土壤。应用于花坛、盆栽、花箱等。

巴特宾系列
Bada Bing Series

植株高 20～25 cm。叶绿色。分枝能力强，不同花色的植株生长非常一致。开花紧凑，在花园表现良好。

巴特布系列
Bada Boom Series

植株高 20～25 cm，冠幅 15～20 cm。分枝能力强，生长一致；开花紧凑，在花园表现良好。

球根秋海棠 Begonia × tuberhybrida

多年生常绿草本，常作一年生花卉栽培。植株高 20～60 cm。块茎不规则，多偏圆形，周围有网状须根；地上茎肉质，多分枝。叶呈不规则心形，先端锐尖，基部偏斜，边缘有锯齿。聚伞花序腋生，雌雄同株异花，每个花序常开 3 朵花。花直径 10～15 cm；花型有单瓣、半重瓣和重瓣，瓣缘呈丝状、波皱状或鸡冠状。花期为 5—11 月。

栽培的最佳温度为昼温 20～24℃、夜温 18～23℃；在中等光照强度下生长最好，整个发育期需保持每天光照 14 小时以上；宜选用透气良好、疏松的基质，pH 值为 5.6～6.2；不能过于潮湿，否则易发生灰霉病。应用于盆栽、花箱等。

雅典娜系列
I'Conia Series

植株高约 25 cm，冠幅 30～35 cm。株型紧凑，分枝性强，枝条比较柔软，运输中不易损伤。与传统球根秋海棠相比，雅典娜系列更耐热和耐高光。花枝较长，有半垂性。花色主要有日出红、珊瑚红、黄、橙、香槟金等，开花长达 2～3 个月。应用于窗台、花箱。

无极系列
Limitless Series

植株高约 25 cm，冠幅约 35 cm。不需要矮化剂即可形成完美株型。半重瓣花至重瓣花，尺寸超大，花色亮丽。开花早，比相近品种早上市 7 天，花量大。应用于盆栽、家庭园艺。

紫草科 Boraginaceae

勿忘我 *Myosotis sylvatica*

二年生草本。植株高 15～30 cm。茎直立，有棱。叶互生；叶片矩圆状条形，无柄，全缘，主脉明显。花序具分枝，顶生；花小，花冠浅高脚碟状，有蓝、粉红、白等颜色。

喜干燥的环境，以及深厚、疏松透气、微碱性的砂质土壤，忌高温、高湿。应用于花境、花坛、岩石园、盆栽、切花。

挪威森林系列
Sylva Series

植株高约 20 cm，植株强健，株型紧凑。喜阳，耐半阴，是理想的盆栽产品。

喜林草 *Nemophila menziesii*

一年生草本。植株高 20～30 cm。茎柔软，具匍匐性。叶对生，叶片羽状齿裂或裂片状。花有 5 枚花瓣，半旋形成碗状花冠，淡蓝色；花心较浅，花蕊白色。

喜光，耐寒。最佳播种季节为 9—10 月，翌年 4—5 月开花；适宜发芽温度为 15～22℃，适宜生长温度为 15～25℃。幼苗耐低温，但在冬季来临前应完成露地栽植。应用于花海、岩石园、旱溪点缀。

十字花科 Brassicaceae

高加索南芥 *Arabis caucasica*

一年生草本。植株高 15～25 cm，冠幅约 50 cm。叶基生；叶片肉质，倒椭圆形，有锯齿，中绿色。总状花序，顶生；花有芳香；花瓣 4 枚，近圆形，颜色有白色和蓝色等。花期为 3—4 月。

极耐寒，冬季可露地越冬。不耐涝，需种植在排水良好的土壤中。开花后应及时修剪残花和老枝。应用于岩石园、花境、屋顶绿化等。

小珍宝系列
Little Treasure Series

株型紧凑。花白色或紫色。开花早，花量大，生长一致性好，是规模化生产和早春零售的理想选择。

南庭荠 *Aubrieta × cultorum*

植株高约 20 cm。茎丛生，有星状毛或叉状毛。叶小，全缘或有角状锯齿。总状花序，顶生；花大但量少，紫色、紫堇色或白色。

喜光，耐旱，耐-15℃低温。应用于花坛、花境、盆栽。

奥黛丽系列
Audrey Series

首个 F_1 代杂交的南庭荠品系。植株紧凑，生长旺盛，一致性强，易生产，从种植到零售均能保持良好形态。

羽衣甘蓝 *Brassica oleracea var. acephala*

植株高约 30 cm。茎粗短，直立，无分枝，基部木质化。叶片宽大，倒卵形，有波状皱褶；叶柄短，有翅；叶色有紫、红、粉红、玫瑰红、黄、白等。观赏期从 12 月至翌年 2 月。

喜阳光充足、湿润、冷凉的环境，以及肥沃的碱性土壤，耐寒。冬季适当减少氮肥的施用，可促进叶片转色并增强其耐寒性。应用于花坛、花境、盆栽。

珊瑚系列
Coral Series

植株高 20～30 cm，高度适中。生长旺盛，茎粗壮。

鹤系列
Crane Series

圆叶型。植株高 60～90 cm，株型整齐。花色丰富，瓶插期长；花头紧凑，大小依株间距变化。

鸥系列
Kamome Series

株高 15～25 cm。抗霜害和冻害，是极少数在冬季花园中表现优秀的花卉之一。

鲁西露系列
Lucir Series

植株高 60～90 cm。与其他羽衣甘蓝系列相比，鲁西露系列的绿色叶片与花心的颜色对比更强烈，着色更好。

名古屋系列
Nagoya Series

皱叶型。株型整齐。耐寒,适宜生长温度为 5~20℃,播种后 12 周开花。

孔雀系列
Peacock Series

叶开裂,叶缘呈精致的细锯齿或粗锯齿状。耐旱性极强。

鸽系列
Pigeon Series

圆叶型。株型紧凑,矮生。叶缘稍呈波状。

斑鸫系列
Song Bird Series

高重瓣花。株型紧凑。应用于冬季花坛、混合盆栽。

桂竹香 *Erysimum × cheiri*

多年生草本，常作一年生花卉栽培。植株高 20～60 cm。茎直立或斜升，具棱；下部木质化，具分枝。基生叶莲座状，叶片倒披针形、披针形至线形。花橘黄色或黄色，直径 2～2.5 cm，有芳香。花期为 4—5 月。

耐寒，可露地越冬。喜向阳、冷凉、干燥的环境，以及疏松、肥沃、排水良好的土壤。应用于花坛、花境、岩石园、盆栽、切花。

博爱系列
Charity Series

植株高 20～30 cm，株型紧凑。叶色浓绿，花香浓郁。冬季耐−4℃低温；春秋季开花，不需低温诱导，日照长度对开花影响不大。

糖果系列
Sugar Rush Series

分枝多，生长迅速，不需低温诱导便可开花。在高温下，叶色仍呈葱绿。

屈曲花 Iberis amara

一年生草本。植株高约 40 cm。茎直立，稍分枝，下部叶匙形。上部的叶片披针形或长圆状楔形，顶端钝圆，基部渐狭。总状花序，顶生；花梗丝状，伸展或上升。花白色或浅紫色；萼片倒卵形，短角果圆形，裂瓣具横纹。花期为 4—6 月。

喜光，生长季节需置于室外阳光下。春冬两季应保持盆土湿润，夏秋季节每天早晚各浇水一次，干旱或高温时每天可适当增加浇水次数。应用于岩石园、花坛、花境、盆栽。

豪放系列
Tahoe Series

植株紧凑，分枝良好，新梢生长量大，生长极其一致，耐修剪。花梗短。开花早，在花园中形成引人注目的白色花丛。

香雪球 Lobularia maritima

二年生草本。植株高 10～20 cm。茎多分枝。叶互生；叶片条形，全缘，叶脉不明显。总状花序，小花多且密集。花有香味，花冠"十"字形，白色或淡紫色。花期为 3—6 月。

喜阳光充足、冷凉的环境，以及排水良好的土壤，半耐寒。应用于花坛、花境、岩石园、盆栽。

水晶系列
Clear Crystal Series

植株高 15～25 cm，冠幅 30～35 cm。花大，有馨香。水晶系列为四倍体品系，长势比普通二倍体品系更强健。

紫罗兰 *Matthiola incana*

二年生草本。植株高 30～100 cm。茎直立，多分枝，基部稍木质化。叶互生；叶片长椭圆形至倒卵状披针形，全缘。总状花序；花冠"十"字形，具香味，有紫、桃红、白等颜色。花期为 4—6 月。

喜阳光充足、冷凉的环境，不耐热，耐寒性不强，但冬季耐短暂的-5℃低温，在光照和通风不佳或梅雨天气易受病虫危害。对土壤要求不高，但在排水良好、中性或偏碱性的土壤中生长较好。应用于花坛、花境、切花、盆栽。

麦萌系列
Mime Series

植株高 20～25 cm，冠幅 25～30 cm。茎基部分枝多。秋冬季的理想花坛用花，也是极早花型的主流品种。

和谐系列
Harmony Series

植株高 15～25 cm。株型整齐、紧凑，分枝多。开花较早，花香飘逸；重瓣率约 50%，可通过子叶筛选重瓣花。适合在天气较冷的季节盆栽或在容器中栽培。

领奏系列
Quartet Series

植株高 60～70 cm，冠幅 30～40 cm。茎分枝多；花期早，有芳香。

桔梗科 Campanulaceae

风铃草 *Campanula medium*

多年生草本，作一年生花卉栽培。植株高 50～120 cm。茎根状。叶互生，基生叶有的呈莲座状。花单朵顶生，或多朵组成聚伞花序，聚伞花序有时集成圆锥花序，有时退化，成为由数朵花组成的头状花序。

喜阳光充足、冬暖夏凉、干爽的环境，耐半阴，对温度较敏感。耐旱，忌水湿；对土壤要求不高，但以富含腐殖质、疏松透气、pH 值为 5.5～6.2 的砂质土壤为宜。应用于花坛、花境、庭院、盆栽。

丰铃系列
Appeal Series

自然矮生类型，但经长日照处理后再喷施矮壮素，株型会更紧凑，基部分枝性更好。一年开花，不需低温春化；花盛开后直立向上。

冠军系列
Champion Series

长日照植物。可作为切花，或使用生长调节剂进行早春盆栽生产。

六倍利 *Lobelia erinus*

二年生草本，常作一二年生花卉栽培。植株高 5～25 cm。茎纤弱，在基部丛生。叶互生；叶片倒卵形，具齿。多花；花瓣 5 枚，有蓝、淡蓝、紫蓝、酒红、白等颜色。花期为 5—10 月。

喜温暖、潮湿环境，半耐阴，半耐寒，冬季需防霜冻；对土壤的适应性较强，以肥沃、疏松的腐殖土或泥炭土为宜。应用于花坛、花境、组合盆栽。

赛船系列
Regatta Series

蔓生型，而且比其他蔓生型六倍利系列花期更早，花量更大。花色丰富，有白、天蓝、玫瑰红等颜色。应用于吊篮、大型组合盆栽等。

维埃拉系列
Riviera Series

直立型。植株高约 15 cm，呈球状，簇生，株型紧凑。与其他六倍利系列相比，维埃拉系列的花期更早，花量更多。应用于花坛、组合盆栽。

石竹科 Caryophyllaceae

山蚤缀 *Arenaria montana*

多年生草本，作一二年生花卉栽培。植株高 5～10 cm。茎簇生，下部具柔毛，上部具黑色腺柔毛。聚伞花序，有 1～3 朵花；每朵花有花瓣 5 枚，倒卵形，白色。花期为 7—8 月。

喜光，耐旱，耐-15℃低温。应用于花坛、花境、岩石园。

暴风雪系列
Blizzard Series

山蚤缀中开花一致性最好的系列。

紧凑型暴风雪系列
Blizzard Compact Series

植株比其他系列更紧凑，更早两周开花。花大，纯白色。

满天星 *Gypsophila paniculata*

多年生草本，作一二年生花卉栽培。植株高 30～80 cm，根粗壮。茎直立，分枝多。叶片披针形或线状披针形，顶端渐尖，中脉明显。圆锥状聚伞花序，多分枝，花小而多；花梗纤细。苞片三角形，花萼宽钟形；花瓣匙形，白色或淡红色。花期为 6—8 月。

长日照植物，以光照 16 小时以上为佳。生长适宜温度为白天 25～30℃，夜间 10～15℃；高温易造成花畸形，如狮头花或绿花，而低温易引起簇状化或导致休眠。应用于岩石园、吊篮、容器栽培等。

吉卜赛系列
Gypsy Series

植株高约 15 cm，冠幅约 25 cm。分枝多，株型紧凑、圆润，生长一致性好。花量大，花期持久。常作为边界植物。

白花菜科 Cleomaceae

醉蝶花 Cleome hassleriana

一年生草本。植株高 1～1.5 m。全株有黏性腺毛，并有托叶刺。掌状复叶具 5～7 枚小叶；小叶草质，椭圆状披针形或倒披针形。总状花序顶生，花由底部向上次第开放。花瓣呈玫瑰红色、浅紫色或白色等。花期为初夏。

喜阳光充足、高温的环境，耐半阴，不耐寒；在水肥充足条件下植株高大，在砂质土壤或碱性土壤中生长不良。应用于花坛、花境、盆栽。

宝石系列
Sparkler Series

植株高 100～150 cm，冠幅 60～90 cm。具灌丛般的饱满株型，有 4 种花色及混色，在市场上表现较为出色。耐热，是夏季栽培的理想选择。

旋花科 Convolvulaceae

马蹄金 Dichondra repens

多年生匍匐草本，作二年生花卉栽培。茎细长，匍匐于地面或蔓生下垂，有灰色短柔毛，节上生根。叶互生；叶片肾形或心状圆形，全缘。花小，单生于叶腋，黄色，花冠钟形。

喜湿润、富含腐殖质的土壤；半耐阴，耐高温，也耐寒。寿命较长，绿色期久，形态优美，易繁殖和管理。应用于地被、盆栽、组合盆栽等。

银瀑系列
Silver Falls Series

蔓生型观叶植物。植株强健，匍匐生长。茎银色，长 90～120 cm。叶小，圆形，银色。耐热，耐旱，是组合盆栽和吊篮栽培的极佳选择。

大戟科 Euphorbiaceae

禾叶大戟 *Euphorbia graminea*

多年生草本，常作一二年生花卉栽培。植株高 30～80 cm。茎直立或斜升，表面近无毛，具乳白色汁液。叶互生；叶片卵形至椭圆形，表面具柔毛。聚伞花序，先端具裂片。花期为春夏季，最长可达 10 个月。

长日照植物，冬春季补光可确保生长良好；栽培应选择排水良好的肥沃土壤或其他基质。应用于花境、盆栽、切花、吊篮、岩石园、屋顶绿化。

魅力系列
Glitz F1 Series

植株高 25～35 cm，冠幅 30～45 cm。应用于高端组合盆栽，生产简单，无须摘心。

龙胆科 Gentianaceae

藻百年 *Exacum tetragonum*

一年生草本。植株高 25～60 cm。茎直立，四棱形，黄绿色，上部有分枝。叶对生，无柄，叶片卵形至卵状披针形。聚伞花序顶生或腋生，组成圆锥状聚伞花序；花梗黄绿色。花果期为 7—9 月。

喜阳光充足的环境和排水良好的土壤，但忌长时间强光直射，夏季需及时浇水；不耐寒，无法露天越冬。应用于小盆栽、家庭园艺。

公主系列
Princess Series

植株高 10～15 cm，冠幅 15～20 cm。株型紧凑，呈圆球状；叶片轻微肉质；花瓣呈白、紫等颜色，有甜香。花期为夏季，开花时间长。夏季优选的盆栽品种。

牻牛儿苗科 Geraniaceae

天竺葵 *Pelargonium* × *hybridum*

多年生草本，常作二年生花卉栽培。植株高 30～60 cm。茎直立，基部木质化，有特殊气味；小枝粗壮，多汁。叶互生，叶柄长；叶片圆形至肾形，边缘具锯齿。伞形花序腋生，花梗较长。花色有红、橙、粉红、淡紫、白、双色等。花期为 5—7 月。

喜阳光充足、通风的环境，以及肥沃、疏松、微碱性、排水良好的土壤。不耐寒，但冬季保持白天温度 10～15℃、夜间温度 8℃以上，就能正常开花。应用于花坛、花境、盆栽。

地平线系列
Horizon Series

植株高 30～40 cm，茎粗壮。叶片有环形条纹。头状花序，花直径 3～4 cm。花期早，开花时间长。使用矮壮素可提前开花，并使株型更紧凑。

中子星系列
Pinto premium Series

植株高约 30 cm。分枝能力强，苗期较低温度（5℃）有利于形成良好的株型。花多且大，开花时间长。栽培简便。应用于盆花、花坛和组合盆栽，盆栽观赏效果最佳。

龙卷风系列
Tornado Series

植株高约 15 cm。垂吊型，分枝性强。花多，开花时间长。应用于窗台布置、悬挂花篮。盆花可反复使用，市场前景佳。

苦苣苔科 Gesneriaceae

大岩桐 Sinningia speciosa

多年生草本，常作一二年生花卉栽培。植株高 15～25 cm，全株有浓密的白色绒毛。块茎扁球形，地上茎极短。叶对生；叶片肥厚且大，卵圆形或长椭圆形，有锯齿，叶脉隆起。花梗自叶间长出，花顶生或腋生。花冠钟形，先端浑圆，5～6浅裂；花色有粉红、红、紫蓝、白、复色等。花期为3—8月，夏季为盛花期。

喜半阴、高温、潮湿的环境，以及疏松、肥沃（富含腐殖质）、排水良好的土壤，忌严寒和涝渍。应用于盆栽、花境。

阿瓦迪系列
Avanti Series

花大，钟形；花色亮丽，有玫瑰红、猩红等颜色。柔软且有韧性的小型叶片非常适合高密度生产，易包装和运输。

锦缎系列
Brocade Series

植株高15 cm，株型紧凑。叶片小，生长整齐。重瓣花，尺寸大，开花早。

唇形科 Lamiaceae

彩叶草 *Coleus scutellarioides*

多年生草本，常作一年生花卉栽培。植株高 50～80 cm。茎四棱形，基部木质化。叶对生；叶片卵圆形，先端长且渐尖，有钝齿；叶色丰富，有淡黄、桃红、朱红、紫等色彩的斑纹。总状花序；花小，浅蓝色或浅紫色。

喜温暖的环境，冬季温度应不低于 10℃，夏季高温时稍加遮阴。阳光充足时，叶色鲜艳。应用于花坛、花境、盆栽、花束配叶等。

航路系列
Fairway Series

极矮生型，基部分枝能力强。叶片小，叶色丰富、艳丽。开花晚，开花时间长。

奇才系列
Wizard Series

矮生型。植株高 30～35 cm。株型紧凑、整齐，基部分枝能力强。耐高温、高湿。叶色丰富，开花晚。

朱唇 *Salvia coccinea*

常作一年生花卉栽培。植株高 70～90 cm。全株有柔毛。茎直立，紫色。叶对生；叶片卵圆形，有锯齿，叶色较深。总状花序；苞片卵圆形，先端尾状渐尖，基部圆形。花冠深红或绯红色。花期为 4—7 月。

喜阳光充足、温暖的环境，以及肥沃的砂质土壤，不耐寒，适宜生长温度为 15～30℃；耐旱，但盆栽时需经常补充水肥。应用于花坛、花境、组合盆栽等。

夏之宝石系列
Summer Jewel Series

植株高 50～60 cm。株型丰满，叶色深绿。花喇叭形，颜色亮丽，花期早。耐热、耐旱性强，景观效果好。

一串红 *Salvia splendens*

常作一年生花卉栽培。植株高 20～90 cm。茎钝四棱形，无毛。叶对生；叶片卵圆形，边缘有锯齿。苞片卵圆形，先端尾状渐尖。总状花序，萼筒钟形，常宿存。花量大，花色有红、粉红、紫、白等。花期为 8 月至霜降。

喜阳光充足、温暖的环境，以及疏松、肥沃、排水良好的砂质土壤，不耐寒。苗期摘心处理可整形并增加花量。应用于花坛、花境、盆栽。

超威系列
Red Alert Series

植株高 30～35 cm，冠幅 20～25 cm。分枝性强，株型紧凑。开花整齐，花穗长而密集，抗性良好，相对耐热。应用于夏秋和春季的花坛。

莎莎系列
Salsa Series

植株高 20～25 cm，冠幅 20～25 cm。兼性长日照植物，每季可多次生产，长势和花期高度一致，在生产和销售过程中极为方便。适宜种植在直径 10 cm 左右的盆钵中。

母草科 Linderniaceae

夏堇 *Torenia fournieri*

一年生直立草本。植株高 15～30 cm。茎无毛，具 4 棱，多分枝。叶对生；叶片卵形，有锯齿。花顶生；花冠唇形，筒状；上唇直立，宽倒卵形；下唇裂片矩圆形或近圆形。花期为夏秋季。

喜阳光充足、温暖的环境，不耐寒；耐高湿，生长期需水较多，种植以排水良好的土壤为宜。应用于花坛、花境、庭院、盆栽。

公爵夫人系列
Duchess Series

植株高 20～25 cm，冠幅较大。生长强势。花量多，有 5 种艳丽的花色。

可爱系列
Kauai Series

植株高度、冠幅均约 20 cm。株型紧密、矮壮。开花时间长，部分品种具独特的绛红色或柠檬雨点花色，在高温、高湿下表现好。

亲吻系列
Little Kiss Series

植株高度和冠幅均约 20 cm。株型呈圆润的馒头型。在全光照或半阴条件下均可持续开花，有 5 种花色。

千屈菜科 Lythraceae

朱红萼距花 Cuphea llavea

灌木或亚灌木状，作一二年生花卉栽培。植株高 30～70 cm。茎直立，分枝细，有浓密的短柔毛。叶薄，革质，披针形或卵状披针形，极少数矩圆形。总状花序，花单生于叶柄或近腋生。花萼基部上方具红色短距，并有浓密的黏性柔毛或绒毛；花瓣 6 枚，上方 2 枚显著，矩圆形，其余 4 枚极小，锥形，有时消失。花期从春季至秋季。

喜阳光充足、高温的环境，以及排水良好的砂质土壤，耐半阴，不耐寒。生长快，萌芽能力强，耐修剪。应用于片植、花境、盆栽。

辣椒酱系列
Sriracha Series

耐热新品种。植株高 30～40 cm，冠幅 35～45 cm。株型紧凑，分枝多，长势均一，成盆快。主要有 3 种花色。通过种子繁殖，在播种期用 0.5～1.0 ppm 多效唑处理可抑制下胚轴伸长。

水卷耳科 Montiaceae

露薇花 Lewisia cotyledon

别名琉维草。多年生草本，作一二年生花卉栽培。植株高 10～25 cm。根肉质；叶基生，莲座状排列。叶倒卵形，全缘或波状。圆锥花序顶生；花瓣 8～10 枚，白色，具红脉、红晕或红条纹。花期从早春至夏季。

喜半阴且春季湿润、夏季干燥的环境，大多不耐寒，不耐热；宜栽培于排水良好、疏松的砂质土壤。应用于岩石园、盆栽等。

艾丽丝系列
Elise Series

植株高 10～15 cm，冠幅 20～25 cm。叶片肉质。耐寒。花量大，开花时间长，全年可开 3～5 次。

柳叶菜科 Onagraceae

古代稀 *Clarkia amoena*

一年生草本。植株高 30～60 cm。茎直立，分枝多。叶互生；叶片条形至披针形，常有小叶簇生于叶腋。穗状花序。萼裂片连生，花开后屈向一边；花色有粉红、洋红、白、紫等。花期为 5—6 月。

喜阳光充足、冷凉的环境，以及肥沃、排水良好的砂质土壤，忌酷热，畏严寒。应用于花坛、花境、盆栽、切花。

优雅系列
Grace Series

侧枝发达，多达 15 枝，每根枝条有 5～6 个花苞。在干燥和低温环境长势好，分枝和花都适合高密度包装和长距离运输。适合作切花。

华丽锦缎系列
Satin Series

植株高约 30 cm。长势均匀，茎基部分枝性好。花型新颖，花色淡雅，花冠直径约 5 cm，花量大，花期早。

罂粟科 Papaveraceae

冰岛虞美人 *Papaver nudicaule*

多年生草本，作一二年生花卉栽培。植株高 20～60 cm，全株有毛。叶基生，莲座状排列；叶片条状披针形，呈规则的羽状分裂。花单生，花蕾宽卵形至近球形；花瓣 4 枚，宽楔形或倒卵形，有红、橙黄、黄、淡黄等颜色。花期为 5—9 月。

喜阳光充足、通风的环境，以及排水良好、肥沃的砂质土壤，忌连作与积水，不耐移栽。耐寒，不耐热，春夏温度高的地区花期缩短，而昼夜温差大、夜间低温有利于生长和开花。应用于花坛、花境、盆栽、切花。

香槟气泡系列
Champagne Bubbles Series F1 Series

植株高约 40 cm，茎长势强健。开花整齐，花期早，开花时间长，花量大。

春风系列
Spring Fever Series

植株高 25～30 cm。长日照品种，可同时产生多重分枝。花大而艳丽。

仙境系列
Wonderland Series

株型矮小，叶片紧凑。花大，直径约 10 cm；花量大。耐寒，抗风。

车前科 Plantaginaceae

金鱼草 *Antirrhinum majus*

多年生直立草本，作二年生花卉栽培。植株高 30～80 cm。茎直立，基部有时木质化，偶有分枝。叶多为对生，叶片卵形，但上部的叶有时互生或近对生，卵状披针形，全缘。总状花序，有浓密的腺毛。花色有红、粉红、橙、黄、紫、白色等。适合秋季播种，花期为翌年 3—5 月。

喜阳，耐半阴；较耐寒，不耐酷暑，适宜生长温度为 12～16℃；以疏松、肥沃、排水良好的土壤为佳。应用于花坛、花境、切花、盆栽。

跳跳糖系列
Candy Showers Series

垂吊型。日中性植物，一般在秋季开花，翌年春天能再次开花；在短日照下也能持续开花。枝条强壮且有韧性，耐运输，花量大。应用于花坛、容器、吊篮。

自由经典系列
Liberty Classic Series

植株高 30～40 cm，株型直立。花穗长 40～50 cm，坚挺匀称；花有 6 种明亮颜色和 1 种混色。

梦得高系列
Montego Series

矮生型，植株高 15～20 cm，冠幅 20～25 cm。株型紧凑，基部分枝和花梗强健。开花早，有 12 种花色。

美人鱼系列
Snaptastic Series

植株高约 30 cm。株型紧凑，介于矮生型和标准型之间。春季对日照长度不敏感。花梗粗壮，分枝性更好，快速满盆。花期为夏末，可持续开花。

早生诗韵系列
Speedy Sonnet Series

植株高 35～40 cm。茎粗壮，长势均匀，分枝性好；根系发达。花期很早，适合早春或秋季用花；开花时间长。应用于花坛或花境。

假马齿苋 *Bacopa monnieri*

多年生匍匐草本，常作一年生花卉栽培。茎多分枝。叶对生；叶片圆卵形，具钝圆的锯齿。花单生于叶腋；花瓣5枚，蓝色、紫色或白色。

喜半阴、温暖的环境，适宜生长温度为18～25℃，半耐寒；耐水湿，以疏松、肥沃、排水良好的土壤为宜。应用于花坛、花境、花丛。

仙境系列
Wonderland Series

植株高约15 cm，株型圆整。这是市场上第一个通过种子繁殖的假马齿苋品种。应用于大型盆栽、组合盆栽。

柳穿鱼 *Linaria maroccana*

多年生草本，作二年生花卉栽培。植株高约30 cm。茎直立、丛生，常在上部分枝。叶互生；叶片狭线状披针形，全缘，浅绿色。总状花序；花冠唇形，上唇2裂，下唇3裂，有距；花色有青紫、雪青、红、玫红、黄、白等。花期为4月。

喜阳光充足、冷凉的环境，以及湿润、排水良好的砂质土壤，不耐酷热。应用于花坛、花境、盆栽、切花。

梦幻系列
Fantasy Series

矮生型，植株高15～20 cm。在冷凉环境下周年生长，可耐短时间的-5℃低温。花色绚丽，花瓣有蓝、紫罗兰、杏黄、黄、玫红、白、粉红、绯红等颜色，花蕊常为黄色。应用于片植、吊篮、混合容器栽培。

白花丹科 Plumbaginaceae

海石竹 *Armeria maritima*

多年生丛生草本，作一二年生花卉栽培。植株高 20～30 cm。叶基生；叶片线状长剑形，全缘，深绿色。头状花序顶生，花梗细长。花小，花色有白、粉红、玫红等。花期为 4—5 月。

喜阳光充足、温暖的环境，以及排水良好的砂质土壤，忌高温、高湿。应用于花坛、花境、岩石园、庭院、盆栽。

启明星系列
Morning Star Series

植株高约 15 cm，株型紧凑。叶片深绿色。花多，深玫红色。开花时间长，无须春化作用第一年便可开花。应用于岩石园、庭院、花境、盆栽。

宽叶海石竹 *Armeria pseudarmeria*

多年生常绿草本，作一二年生花卉栽培。株高和冠幅都约 30 cm。叶狭长，淡灰绿色。花生于硬质茎上，球形，白色，偶有粉红色。花期为夏季。

芭蕾明星系列
Baller Series

植株高 20～25 cm，冠幅 20～25 cm。株型紧凑，生长整齐。叶片绿色。花梗长；花球状，顶生，有白、红等颜色。生长周期短，可耐 −18 ℃ 低温。花期早。

马齿苋科 Portulacaceae

大花马齿苋 *Portulaca grandiflora*

一年生草本。植株高 10～30 cm。茎平卧或斜升,多分枝,紫红色。叶片细圆柱形,有时微弯。花单生,或数朵簇生于枝顶,日开夜闭;花瓣 5 枚或重瓣,倒卵形,顶端微凹;花色有红、紫、黄、白等。花期为 6—9 月。

喜阳光充足、温暖的环境,在阴暗潮湿处生长不良;极耐瘠薄,适应大多数土壤,在排水良好的砂质土壤中生长良好。应用于花坛、花境、组合盆栽。

欢乐时光系列
Happy Hours Series

植株高 20～25 cm。株型圆整,分枝性好,开花整齐。这是人工培育的对日照长度不敏感的大花马齿苋系列,可在日照相对较短的条件下开花。

轻歌曼舞系列
Happy Trails Series

植株高 15～23 cm,冠幅 35～45 cm。可在平均 10 个小时的日照条件下开花,具有很好的蔓生习性和花园表现。

报春花科 Primulaceae

欧报春 *Primula vulgaris*

二年生草本。植株高 15～20 cm，通常有粉。叶基生；叶片长椭圆形，叶面皱褶。花单生，数量多，花色有红、蓝、黄、白及各种双色。花期为 2—5 月。

喜冷凉、湿润的环境，不耐高温和强烈的直射阳光，多数植株不耐严寒。宜种植于排水良好、富含腐殖质的土壤中，并勤施水肥。应用于花坛、花境、花丛、盆栽等。

丹妮莎系列
Danessa Series

极早花型。株型紧凑、均匀，花瓣厚实。幼苗耐热性好，不需低温春化就能开花。

丹诺雅系列
Danova Series

植株长势强壮，株型和花期整齐，是应用最广的报春花系列之一。花直径 8 cm，花色丰富。种子发芽率高。

庆典系列
Pageant Series

植株高约 10 cm。叶小。花直径 4～5 cm。花期早，如果 5—6 月播种，且保持夜温 5～7℃，可在 12 月至翌年 1 月中旬开花。

毛茛科 Ranunculaceae

变色耧斗菜 *Aquilegia caerulea*

多年生草本，作一年生花卉栽培。植株高 20～40 cm。茎不分枝，或在上部分枝。叶基生；叶片三角形，小叶彼此邻接，倒卵形至扇形。花多数为顶生的单花，少数由 2～3 朵组成花序；花瓣近直立，卵形，距短，末端弯曲成钩；花色有蓝、红、黄、白等。花期为 5—6 月。

喜凉爽的环境，耐寒，忌夏季高温和暴晒；宜种植于富含腐殖质、湿润、排水良好的砂质土壤中。应用于花坛、花境等。

折纸系列
Origami Series

植株高 35～40 cm。花姿娇小玲珑，花色明快。适应性强。

八音鸟系列
Songbird Series

植株高 25～40 cm。花直径 4～9 cm，花色纯正。花期早，开花时间长，花量大。

天鹅系列
Swan Series

植株高 45～60 cm，略高于八音鸟系列。株型整齐，分枝多。早花品种，秋季播种后定植于夜温低于 15℃的温室，春季就能开花。花大，花色明艳。

飞燕草 *Delphinium elatum*

也称高翠雀花。多年生草本，作二年生花卉栽培。植株高 150～180 cm。茎直立，丛生。叶互生；叶片掌状深裂，裂片条形，大小不等并有缺刻状条裂。总状花序，长 50～60 cm。花型有单瓣、半重瓣和重瓣，花色有蓝、白、粉红等。花期为 4—5 月。

喜光，稍耐阴，生长期可在半阴处，花期需充足阳光。对气候的适应性较强，喜湿润、凉爽的环境。耐旱，稍耐水湿，以肥沃、湿润、排水良好的酸性土壤为宜。应用于花坛、花境、丛植、盆栽、切花等。

北极光系列
Aurora Series

植株高 90～120 cm。具有多种柔和、整齐的花色，花期早，花穗集中。应用于大容器栽培、花坛、切花。

戴妃娜系列
Diana Series

株型紧凑，分枝性好，是大容器栽培的主要品种之一。

欧白头翁 *Pulsatilla vulgaris*

多年生草本，作一二年生花卉栽培。株高 15～35 cm，全株有毛。茎根状，常有长柔毛。叶基生，有长柄；叶片掌状或羽状分裂，有掌状脉。花葶有总苞，苞片 3 枚，分生，有柄或无柄，基部合生成筒，掌状细裂。顶生单花，花托近球形。花瓣卵形、狭卵形或椭圆形，蓝紫色或黄色。花期为 4—5 月。

喜光，耐寒，不耐盐碱及湿涝。应用于花坛、花境、岩石园、盆栽。

纸风车系列
Pinwheel Series

与传统欧白头翁系列不同的是，纸风车系列的花朝上开放，使得其黄色中心成为亮点。生长力旺盛，花量大。

花毛茛 *Ranunculus asiaticus*

多年生草本，常作二年生花卉栽培。株高 15～40 cm。块根纺锤形。根出叶，常数枚叶聚生于根颈部。茎单生，或少数分枝，有毛。基生叶宽卵形，具长柄，茎生叶无柄，为 2 回 3 出羽状复叶。花单生，或数朵顶生。分盆栽和切花品种。花型有重瓣和半重瓣，花色有白、黄、红、水红、大红、橙、紫、褐色等。花期为 4—5 月。

喜半阴、凉爽的环境，以及排水良好、肥沃、疏松的中性或偏碱性土壤，忌炎热，适宜生长温度为白天 20℃左右，夜间 7～10℃。应用于花坛、花境、切花及盆栽。

花谷 II 系列
Bloomingdale Series

株型长势和花期均匀。基部分枝多，大而圆润的叶片易覆盖盆器，自然紧凑不易徒长。花期早。

玛施系列
Mache Series

植株高 30～40 cm，冠幅 15～20 cm。种子发芽率较高，幼苗活力较强，长势均匀。8 月播种，翌年 3 月开花。花色主要有 7 种单色和 3 种混色，花量大。

魔力系列
Magic Series

植株高 15～20 cm，冠幅 10～15 cm。株型自然紧凑，无须植物生长调节剂，包衣种子更易于萌发。8—10 月播种，在短日照条件下能迅速形成球茎，主要有 6 种花色，栽培花盆的直径 10 cm 左右为宜。

茜草科 Rubiaceae

繁星花 *Pentas lanceolata*

又称五星花。多年生亚灌木,作一年生花卉栽培。植株高 15～70 cm。茎直立,丛生,有毛。叶对生,卵状披针形,叶脉明显,全缘,叶色深绿。聚伞花序,顶生;花小,花冠高脚蝶形,花瓣 5 裂。花色有红、粉红、白等。花期为夏秋季。

喜阳光充足、温暖的环境,生长期昼温不低于 22℃,夜温不低于 17℃;温度低于 10℃ 时,开花不整齐且质量差。喜疏松、肥沃、通气良好的土壤。应用于花坛、花境、切花及盆栽。

小蜜蜂系列
Bee Bright Series

植株高 15～20 cm。株型紧凑,开花均匀。耐热,适合盆栽。

新星乐系列
Honey Cluster Series

植株高 35～45 cm,冠幅 40～50 cm。生长均匀,花期紧凑,花朵顶生,炎热或潮湿的气候条件下都能持续开花。主要有 5 种花色,适宜栽培盆器直径 10～15 cm。

新象系列
New Look Series

植株高 20～25 cm。株型紧凑,分枝性强,叶深绿色。花丛大且密集,花直径约 6～8 cm,无须生长调节剂处理便可周年开花。

玄参科 Scrophulariaceae

香彩雀 *Angelonia angustifolia*

多年生直立草本，作一二年生花卉栽培。植株高 25～60 cm，全株有腺毛。叶对生或上部互生，无柄；叶片披针形或条状披针形，具尖并向顶端弯曲的疏齿。花单生于叶腋，花梗细长；花瓣唇形，上方 4 裂，裂片披针形且渐尖，蓝紫色、白色或蓝紫白色；花萼长 3 cm。花期一般为 6—10 月，但在温暖地区可全年开花。

喜光照强烈、温暖的环境，在高温、湿润条件下生长良好，适应性强。应用于花坛、花境、切花、盆栽。

热曲系列
Serena Series

植株高 25～30 cm，冠幅 30～35 cm。这是首个由种子繁殖的香彩雀系列。分枝性强，株型丰满、紧凑，开花时间长且不留残花；不需摘心，易养护，便于生产。应用于花坛、花境、组合盆栽。

热舞系列
Serenita Series

植株高 25～30 cm。与热曲系列相比，株型更紧凑、分枝性更强，不易落花。花色有粉红、天蓝等。适应性强，应用范围广，盆栽展示效果好。

双距花 Diascia barberae

二年生草本。植株高 25～40 cm。茎直立、纤细，丛生，分枝密，无毛。叶对生；基部叶片较大，卵形至卵状椭圆形，叶缘具锯齿。圆锥花序，花色有玫红、粉红、紫、白等。花期为 4—5 月。

喜阳光充足或半阴、温暖的环境，夏季需避强光，栽培以排水良好、肥沃的轻质土壤为宜。应用于盆栽、花坛等。

钻石系列
Diamonte Series

植株高 25～30 cm，冠幅 30～35 cm。株型浓密、紧凑，圆润丰满，无须摘心，分枝佳。

龙面花 Nemesia strumosa

二年生草本。植株高约 60 cm，分枝多。叶对生，基生叶长圆状匙形、全缘，茎生叶披针形。总状花序，花色有白、淡黄白、淡黄、深黄、橙红、深红、玫紫等，花冠喉部黄色，常具斑点。花期为 4—6 月。

喜阳光充足、温暖的环境，适宜生长温度为 15～30℃；栽培以疏松、肥沃的砂质土壤为宜。高茎大花品种可作为切花，矮生品种应用于盆栽、花坛。

星云系列
Nebula Series

冷凉型品种，一般不需加温。茎基部分枝性强。花大，开花时间长，花量大。种子萌发率高，适宜栽培于直径 10～12 cm 的盆器中。

茄科 Solanaceae

舞春花类 *Calibrachoa* cvs.

多年生草本，常作一年生花卉栽培。植株高 15～80 cm，有丛生和匍匐两种类型。叶椭圆形或卵圆形。花冠喇叭状，花型有单瓣、重瓣、瓣缘皱褶或不规则锯齿等，花色有红、粉红、白、紫等，并带斑点或条纹。花期为 4—10 月。与矮牵牛相比，花和叶片较小，花量更多、更密，开花时间更长。

喜阳，耐半阴，日照好时分枝旺盛、开花多。适宜生长温度为 15～30℃，能耐 35℃高温，但高温时需补充水肥。栽培以疏松、肥沃、透气性好的土壤为宜。应用于吊盆、花箱、组合盆栽等。

炫彩系列
Crave Strawberry Star Series

垂吊型。植株高 20～30 cm，冠幅 25～35 cm。花量大，花色明快，有黄、深粉红、深蓝等颜色。适宜栽培于直径 10～15 cm 的盆器中，或规模化小型盆栽生产。

观赏辣椒 Capsicum annuum

一年生草本。茎直立，木质化，分枝能力强。小果类型的品种一般植株高大，分枝多，大果类型的品种则反之。叶互生；叶片卵圆形，全缘。花小，花色有白色、绿白色、浅紫色和紫色。果实的颜色有红、黄、紫、橙、黑、白、绿色等，形状有线形、羊角形、樱桃形、风铃形、蛇形、枣形、指天形、灯笼形等。

喜温暖的环境，怕霜冻，忌高温。短日照植物，一般情况下对光照要求不高，但光照不足会延迟果期并降低结实率。果实适宜发育温度为 25～28℃，高温、干旱、强光直射易导致果实日灼或落果；果期要求空气干燥，雨水多易造成授粉不良。应用于阳台盆栽、庭院种植。

火篮子系列
Basket of Fire Series

植株高约 30 cm，冠幅约 60 cm。半垂吊，形态独特。出苗 90～95 天后可挂果。果实先由白色到紫色，成熟时火红色，晒干或鲜食均可。耐冷凉性气候，特别适合容器栽培。

倪塔系列
Cayennetta Series

植株高约 25 cm，冠幅约 55 cm。株型紧凑、整齐，分枝性好。从幼苗到果实成熟需 90 天；果实悬挂在叶下方，外形似锥，长约 10 cm，鲜红色，微辣。耐冷热，果实耐日晒。应用于庭院栽培、盆栽。

橙子系列
Chenzo Series

植株高约 55 cm，冠幅约 50 cm。株型紧凑，分枝性良好。从幼苗到果实成熟需 82~85 天，果实由黑色逐渐变为亮红色；挂果期长，耐寒冷，果实晒干后可食用。应用于盆栽。

夏安系列
Cheyenne Series

植株高约 30 cm，冠幅约 50 cm。株型紧凑，外形优美。从幼苗到果实成熟需 90~95 天；成熟的果实橘黄色，与亮绿色的叶片形成鲜明的对比。应用于吊篮容器、庭院。

火车头系列
Loco Series

植株高约 45 cm，冠幅约 60 cm。株型紧凑。从幼苗到果实成熟需 82~85 天，结实量大；果实朝上生于叶片上，成熟时由紫色变为亮红色，呈现很好的观赏效果。

红色珍宝系列
Treasyres Red Series

植株高约 12 cm。株型紧凑，长势均匀，生长快。叶深绿色。果实未成熟时白色，成熟后变为亮红色。适宜栽培于直径 10 cm 的盆器中。

花烟草 *Nicotiana alata*

多年生草本，作一二年生花卉栽培。植株高 40～100 cm。茎直立，较粗壮。基生叶卵状披针形，莲座状排列；茎生叶对生。总状花序；花冠细颈漏斗形，花色有红、玫红、蓝、青柠、白、粉红花边等。花期为春夏季。

长日照植物，喜阳光充足、温暖的环境，稍耐寒，适宜生长温度为 15℃。对土壤要求不高，但以肥沃、湿润的轻质土壤为宜。应用于花坛、花境、盆栽、庭院。

阿瓦隆系列
Avalon Series

植株高 40～50 cm。分枝能力极强。花直径约 4.5 cm；花色亮丽，有粉红、红、紫、白等颜色。耐热，花期为夏季。

香水系列
Perfume Series

植株高 40～50 cm，冠幅 25～30 cm。植株旺盛，分枝较多，高抗病性品种系列。

萨拉托加系列
Saratoga Series

开花最早的花烟草系列。在强光或遮阴条件下都能适应，开花均匀。

私语系列
Whisper Series

植株高 90～100 cm，冠幅 30～35 cm。高抗病性的花烟草系列。高大优雅的植株上盛开着密集小花，花期从 5 月直到初霜。

矮牵牛 *Petunia × atkinsiana*

别名碧冬茄。多年生草本，常作一年生花卉栽培。株高20～40 cm，全株有毛。茎直立，有丛生和匍匐两种类型。叶互生；叶片宽卵形至卵形，全缘。花单生于叶腋；花冠漏斗形；花型多样，有单瓣、重瓣、瓣缘皱褶等；花色丰富，有红、粉红、玫紫、蓝、白、镶边、星斑等。商业上常根据花的大小与多寡、花型重瓣性，将矮牵牛分为大花单瓣、丰花单瓣、多花单瓣、大花重瓣、重瓣丰花、重瓣多花等类型。花期为春秋两季。

喜阳光充足、温暖、通风的环境，在短日照条件下有利于分枝，在长日照条件下有利于开花；不耐寒，适宜生长温度为13～18℃，低于4℃则植株停止生长；能耐35℃以上的高温。栽培以疏松、肥沃、排水良好的砂质土壤为宜。应用于花坛、花境、花槽、盆栽。

波浪系列
Wave Series

植株高15～20 cm，冠幅90～120 cm。茎具一定垂吊性。耐热性和抗寒性好，抗葡萄孢菌性强。养护容易，无须修剪；开花量大。应用于花盆、吊篮等容器栽培。

海市蜃楼系列
Mirage Series

植株高25～40 cm，冠幅25～30 cm。市场可供应普通种子和丸粒化种子。种子质量、幼苗活力、植株长势、花期等方面都比较均匀，并适应多种生长环境。开花具花多、花大、花色多等优点。应用于大型花坛、庭院。

梦幻系列
Deams Series

植株高25～38 cm，冠幅25～30 cm。分枝紧凑，生长整齐。花大，花色繁多，开花不断；花期较为一致，如果在春季栽培，各个花色品种的盛花期仅相差5～7天。极耐灰霉病。应用于盆栽和庭院栽培。

轻浪系列
Easy Wave Series

植株高 15～30 cm，冠幅 75～100 cm。与波浪系列相比，株型更圆润，蔓生习性更强。如果利用丸粒化种子，生长较为整齐。宜栽培于直径 15 cm 的花盆、吊篮等容器中。

雨林系列
Fenice Series

植株高约 20 cm，冠幅约 25 cm。花多，开花时间长，花瓣能在雨后迅速恢复姿态。

呼啦系列
Hurrah Series

植株高 25～30 cm，茎直立。具有大花矮牵牛特性，开花早、整齐，能在 3～5 天内同时开花，花瓣能在雨后迅速恢复姿态。由于布置方便，目前作为主流花卉产品广泛栽培。

漫步者系列
Ramblin Series

植株高 25～35 cm。茎具垂吊性，长势强健。开花早，整齐。

瀑布系列
Plush Series

植株高 25～30 cm。这是开花最早的垂吊型矮牵牛系列，蔓生，对日照长度不敏感，适合早春布展。适宜栽培在直径约 10 cm 的花盆和吊篮中。

小甜心系列
Ricobella Series

植株高 20～25 cm。花小，但花量大。养管容易，经济实用。应用于花境、花坛、组合盆栽。

新极美系列
Tritunia Series

植株高 20～25 cm。分枝性好，花大。

蛾蝶花 *Schizanthus pinnatus*

二年生草本。植株高 20～30 cm，全株有稀疏的黏性毛。茎直立。叶互生，叶片羽状全裂。圆锥状总状花序，着生花多数。花具长梗；花瓣 5 枚，外沿有红、艳粉、淡紫、白等颜色；檐部深凹成两层，中央基部有黄斑。花期为 4—6 月。

喜半阴、凉爽、通风的环境，以及肥沃、疏松、湿润但排水良好的土壤，稍耐寒，忌高温炎热，适宜生长温度为 15～25℃，但冬季要求阳光充足。应用于花坛、花境、切花、盆栽等。

亚特兰蒂斯系列
Arlantis Series

植株高 20～25 cm，冠幅 20～25 cm。株型紧凑，不同混色品种长势均匀。对日照时间长短不敏感，是早春花卉的优良选择。适宜栽培于直径 10～13 cm 的盆器或陶罐中。

堇菜科 Violaceae

角堇 *Viola cornuta*

二年生草本。植株高 15～20 cm。匍匐状丛生，茎多分枝，枝条三棱形。叶互生，叶片长卵形至卵状披针形，叶缘有锯齿或分裂。花单生于叶腋，数量多；花小，通常直径小于 4 cm；花色丰富，有红、白、黄、紫、蓝等颜色，常有花斑，有时上瓣和下瓣呈不同颜色。花期自 12 月至翌年 6 月，开花时间长达数月。

喜阳光充足、凉爽的环境，耐半阴，在短日照下易分枝；适宜生长温度为 7～15℃，超过 20℃时枝条易徒长，超过 30℃则生长受阻；耐寒，可经受轻度霜冻，能露地越冬。应用于花坛、花境、花箱、窗台盆栽等。

小钱币系列
Penny Series

株型紧凑，不易徒长；分枝性好，长势非常均匀。耐寒，并比其他角堇系列更耐热。花量大，开花时间长，花色丰富。

珍品系列
Gem Series

育苗时间短；开花时间长，花色丰富。耐寒、耐热。应用于组合盆栽、容器栽培、园林绿化。

果汁冰糕系列
Sorbet XP Series

植株高 15～20 cm，冠幅 25 cm。株型整齐，长势强健，开花早。

花力系列
Floral Power Series

株型紧凑。开花多；花瓣圆形，质地厚。适合早春布置。

忍耐系列
Endurio Series

植株高 10～15 cm，冠幅 20～30 cm。对日照时间长短不敏感，春季和秋季都能生长，分枝非常发达。易开花，有 9 种花色。独特的圆整、匍匐株型非常适宜在花篮、碗状容器和园林种植，也适合在直径 10～15 cm 的盆器栽培。

三色堇 *Viola tricolor*

二年生草本，植株高 10～40 cm。茎直立或稍倾斜，多分枝。基生叶呈长卵形或披针形，茎生叶呈卵形，边缘具钝圆的锯齿。花冠直径 3.5～6 cm，每个茎上有花 3～10 朵。花期 4—7 月。

喜阳光充足、凉爽的环境，在昼温 15～25℃、夜温 3～5℃下生长良好；耐寒，抗霜冻，忌高温和积水，若昼温连续在 30℃以上，花容易败育；昼温持续保持 25℃时，开花不结实或种子发育不良。喜肥沃（富含有机质）、排水良好的中性土壤或黏土。应用于花坛、庭院、盆栽，但不适合室内种植。

得大系列
Delta Series

植株高约 15 cm。茎强壮，分枝多。花大，花期比其他三色堇系列早 7～10 天。

巨人系列
Colossus Series

植株高 10～12 cm，冠幅 15～20 cm。株型紧凑、一致，整齐度好；花超大。耐热，温暖条件下不易徒长，易种植。

新革命者系列
Dynamite Series

花硕大，直径约 8 cm，花色丰富；开花时间长。在高温条件下不易徒长，成苗率高；在低温、短日照条件下能持续开花。

清新系列
Clean Series

当前花色最亮丽的绯红色三色堇系列,花期早且花多。应用于花坛、盆栽。

空降兵系列
Freefall Series

植株低矮,能形成瀑布状的垂吊效果。开花量大,花直径 5～6 cm。耐热,不易徒长。种子繁殖,出芽率达 90%。应用于吊篮、窗台容器。

冷凉波浪系列
Cool Wave Series

植株高 15～20 cm,冠幅 60～75 cm。具有极佳的越冬能力,可耐−29℃低温;春季能较早恢复生长。

超级宾哥系列
Matrix Series

植株高 20 cm，冠幅 20～25 cm。分枝性极强，花柄短但强健。花大，花瓣厚，花色艳丽、丰富；花期一致。

4

球根花卉

石蒜科 Amaryllidaceae

北葱 Allium schoenoprasum

植株高 20～30 cm。叶丛生，尖细，中空。伞形花序，花紫粉红色。

喜阳，也耐半阴；栽培以湿润、肥沃、深厚的土壤为宜。应用于花境、岩石园。

山韭 Allium senescens

植株高 20～30 cm。叶丛生，狭条形，绿色。花葶圆柱形，伞形花序具密集的紫红色小花。

喜阳光充足、温暖、凉爽的环境，忌湿热多雨，栽培以排水良好的土壤为宜。应用于花境、岩石园、花甸。

朱顶红类 *Hippeastrum* cvs.

朱顶红属（*Hippeastrum*）约有原生种70～75个，主要分布在北美洲（南部）和南美洲。虽然栽培历史较短，但由于原生种多，在园艺上又很容易杂交，栽培品种已达1 000多个。这些品种根据花型分为单瓣花和重瓣花，根据花瓣宽度分为细瓣型、窄瓣型和宽瓣型，根据颜色分为单色型、脉纹型、火焰型、镶边型、条斑型和星型。

喜阳光充足、温暖的环境，以及肥沃、疏松、湿润、排水良好的砂质土壤，适宜生长温度为18～25℃，耐旱。通常在3—4月种植鳞茎，深度以鳞茎露出土面1/4～1/3为宜。花期一般为5—6月，部分鳞茎一年能开花两次，可通过改变鳞茎种植时间调控花期。温度对开花时间长短有影响，一般20～25℃时开花约15天，10～15℃时可延长至30天。

开花后追肥有利于营养叶的生长和鳞茎的发育。在8—9月适当控水并增施磷钾肥，能促进花芽的发育。10月生长停止后，应节制肥水。冬季露地栽培需覆草保护；打霜后植株地上部分枯萎，可起出鳞茎，在5℃以上、干燥、通风的室内贮藏。若要进行促成栽培，可在12月取出鳞茎，剪除叶片，不伤根系，在20℃环境下栽植，50天后便可开花。

应用于容器盆栽、切花、庭院造景、园林绿化等。

'阿弗雷'朱顶红
Hippeastrum 'Alfresco'

每个球茎通常产2～3枝花葶，花葶高约60 cm，每枝花葶有花4～6朵。重瓣花，花大且饱满，直径达15 cm，略带芳香；花冠白色为主，略带褶皱，喉部黄绿色。花期从4月底至5月底。

'花孔雀'朱顶红
Hippeastrum 'Blossom Peacock'

每个球茎通常产2～3枝花葶，花葶高约65 cm，每枝花葶有花4～6朵。重瓣花，直径达15 cm，形态精致，略带芳香；花瓣亮白色，上部边缘有火焰状玫瑰粉红色块，比例完美。花期从4月底至6月初。

'双梦'朱顶红
Hippeastrum 'Double Dream'

每个球茎通常产 2~3 枝花葶，花葶高约 65 cm，每枝花葶有花 4~6 朵。重瓣花，直径约 16 cm，形似睡莲；花瓣呈玫瑰粉红色，瓣尖有一抹白色。花期从 4 月底至 6 月初。

凤蝶朱顶红
Hippeastrum papilio

每个球茎通常产 1~2 枝花葶，花葶高约 40 cm，每枝花葶有花 2~5 朵。花的直径达 15 cm；花色艳丽，黄绿色的花瓣上布满棕红色的条状斑纹，加上优雅的尖瓣和长长的雄蕊，整体犹如展翅欲飞的蝴蝶。花期从 4 月底至 6 月初。

'红狮'朱顶红
Hippeastrum 'Red Lion'

每个球茎通常产 1~2 枝花葶，花葶高约 60 cm；每枝花葶上有花 4~6 朵。花大且饱满，直径约 15 cm，花瓣和花丝红色。花期从 5 月初至 6 月初。2012 年曾获得英国皇家园艺学会"花园奖"。

春星韭 *Ipheion uniflorum*

多年生有皮鳞茎草本，鳞茎带洋葱气味。开花时株高约 20 cm。叶基生，形如韭菜，扁平、线状，稍具白粉，宽约 0.4 cm，长超过花梗。花高脚碟形，单生，直径约 4 cm；花瓣白色并具蓝色晕，或为蓝色；裂片张开，每枚裂片具较深的中脉。

喜阳，不耐积水。分株或播种繁殖。片植或点缀于岩石园中。

水仙 *Narcissus tazetta* var. *chinensis*

世界著名球根花卉；我国十大名花之一，与梅花、茶花、迎春花并列为"雪中四友"。一葶多花，具花香。水仙在我国已有 1 000 多年的栽培历史，产地包括福建（漳州、平潭）、上海（崇明）、浙江（舟山）等。崇明水仙有 400 多年的栽培历史，目前崇明 90% 的水仙是重瓣品种'玉玲珑'。

喜阳光充足、湿润的环境，以及肥沃的砂质土壤，耐半阴，也适应弱酸性至中性土壤。秋冬季生长，早春开花，夏季休眠。应用于插花、盆栽、室内装饰、切花、雕刻艺术。

'玉玲珑'中国水仙
Narcissus 'Flovepleno'

俗称百叶水仙。重瓣花，香气较淡；无明显副冠，因为副冠与雄蕊变态后呈花瓣状，相互交叠，黄白相间。开花时间约 20 天。

'金盏银台'中国水仙
Narcissus 'Jinzhan Yintai'

俗称酒盏水仙。单瓣花，有清香；花被片 6 枚，白色；副冠呈小杯状，形似酒盏，黄色。开花时间约 15 天。

黄花葱兰 *Zephyranthes citrina*

多年生球根花卉。植株高 20～30 cm，地下鳞茎长卵形。叶基生，叶片 3～5 枚，暗绿色，扁圆柱形。花单生于叶腋，花漏斗形，黄色。

喜阳光充足、温暖、湿润的环境，抗逆性强，耐阴、耐旱；耐贫瘠，栽培以疏松、肥沃的土壤为宜。应用于林下、林缘、开阔地，或与低矮灌木混种。

天南星科 Araceae

马蹄莲类 *Zantedeschia* cvs.

多年生球根花卉。马蹄莲属（*Zantedeschia*）的物种原产自非洲中南部，从好望角附近的海岸平原至海拔约 2 000 m 的山脉均有分布。依据形态特征和生态习性，马蹄莲原生种可分为两种类型：一类为常绿型，常见的有白花马蹄莲（*Z. aethiopica*）；另一类为落叶型，因花色丰富被称为彩色马蹄莲，园艺品种均由此类杂交而成。目前国际上的马蹄莲商业品种有 100 多个，分为切花品种、盆花品种和盆花切花兼用型品种。我国彩色马蹄莲的引种始于 20 世纪 90 年代，现已取得可喜进展，在一定程度上引导了新花卉市场。

马蹄莲的块茎肉质；叶基生，有长柄，叶片箭形或戟形，有光泽，全缘；佛焰苞短筒状三角形，上部平展，顶端尖，形如马蹄，颜色有纯白、金黄、浅黄、粉红、紫红、橙红等；肉穗花序黄色，上部着生雄花，下部着生雌花；浆果。主要应用于花坛、盆花、切花，还用作花束、花篮等。此外，彩色马蹄莲叶片上分布的特色斑点具有很高的观赏价值，可作插花的配叶。

'金丝绒'彩色马蹄莲
Zantedeschia 'Jin Sirong'

金色大花型马蹄莲切花品种。植株高 65～80 cm，冠幅约 50 cm。叶片箭形，具斑点。佛焰苞金黄色，从中长出花 3～5 枝，单花长 70～80 cm。从种球种植到开花耗时约 60 天，开花持续 45～55 天。抗病性较强。

'杧果派'彩色马蹄莲
Zantedeschia 'Mang Guopai'

橙色大花型马蹄莲切花品种。植株高 85～90 cm，冠幅约 45 cm。叶片心形，具斑点。佛焰苞马蹄形，初花期杏黄色，后转为杧果色至橙色。花葶较粗壮，抗倒伏力较好，上面着生花 3～5 枝，单花长 85 cm。从种球种植到开花耗时约 50 天，开花持续 45～50 天。抗病性较强。

'墨玉'彩色马蹄莲
Zantedeschia 'Moyu'

紫黑色马蹄莲盆花品种。株高约 45～55 cm，冠幅 35～40 cm，株型丰满。叶片倒披针形，具大量显著斑点。佛焰苞黑色，厚革质并具光泽，从中长出花枝 12～18 枝，单花长 50～55 cm。从种球种植到开花约 60 天，开花持续 45～60 天。长势健壮，抗病性强。

天门冬科 Asparagaceae

香雪兰类 *Freesia* cvs.

又称小苍兰。香雪兰属（*Freesia*）有 11 个原生种，其中多数原产自南非。目前国内外广泛栽植的香雪兰主要是园艺杂交品种，多为 4 倍体。香雪兰的育种最早可追溯到 18 世纪中期的英国、荷兰等少数国家，于 19 世纪末通过淡红、紫色等花色的植株培育出鲜艳的新品种，并在 20 世纪培育出各种优良性状的品种。上海在 20 世纪 70 年代末开始香雪兰的引种与切花生产。

喜阳光充足、温暖的环境，以及疏松、肥沃、湿润的砂质土壤，适宜生长温度为 18～25℃，忌积水。上海通常在 10 月中上旬种植球茎，覆土厚度以 3～5 cm 为宜。花期一般为 3—4 月，也可通过改变种植时期或低温冷藏球茎来调控。定植前应施适量基肥，生长期追肥 1～2 次，开花后追施钾肥有利于球茎发育。11—12 月适当控水，12 月底增施磷钾肥，都能促进花芽的发育。5 月上旬地上部分开始枯萎，5 月底全枯萎，此后应起出球茎，在干燥、通风的室内贮藏。冬季需保持温度 10℃以上，因此在上海不能露地越冬，需设施栽培。

应用于切花、盆栽、花境等。

'金色河流'香雪兰
Freesia 'Gold River'

植株高约 62 cm，株型挺拔。叶色深绿，叶宽约 2 cm。主花梗平均高 65 cm；主花序有花 8～11 朵，基部第一朵花直径约 7 cm；单瓣花，花瓣黄色，花香浓郁。花梗高且挺直，开花整齐；花大，花色一致，整体观赏性好。花期为 3 月。

'红色魅力'香雪兰
Freesia 'Red Passion'

植株高约 60 cm。叶色深绿，叶宽约 2 cm。主花梗平均高 60 cm；主花序有花 10～14 朵，基部第一朵花直径 6.8 cm；单瓣花，花瓣红色且均匀，花香浓郁。花梗高，开花整齐，花大，整体观赏性好。花期为 3 月。

'上农红台阁'香雪兰
Freesia 'Shangnong Hongtaige'

杂交种辐射选育获得的品种。作切花栽培时平均植株高50 cm，株型整齐。叶色深绿。主花梗平均高55 cm；主花序有花7～11朵，基部第一朵花直径约5 cm；重瓣花，花瓣深红色，中心金黄色。花大，花色鲜艳，花香浓郁，观赏价值极高。开花晚，盛花期从3月下旬到4月中旬。

'上农乳香'香雪兰
Freesia 'Shangnong Ruxiang'

杂交种辐射选育获得的品种。植株高约50 cm，株型整齐。叶色深绿，叶宽约1.5 cm。主花梗高约60 cm；主花序有花9～12朵，基部第一朵花直径约5.5 cm；单瓣花，花瓣纯白，花香浓郁。花期为3月。

'白色河流'香雪兰
Freesia 'White River'

植株高约60 cm。叶色深绿，叶宽约2 cm。主花梗平均高60 cm；主花序有花8～13朵，基部第一朵花直径约7 cm；单瓣花，花瓣纯白，花香浓郁。花梗高，开花整齐；花大，花色均匀，整体观赏性好。花期为3月。

亚美尼亚葡萄风信子
Muscari armeniacum

多年生小型球根花卉。植株高15～20 cm。叶基生，线形，稍肉质，暗绿色，边缘内卷。花梗圆筒形，密生串铃状小花；花紫色、淡蓝、白色等。花期为3—4月。

喜阳光充足、温暖、凉爽的环境，耐阴，耐寒，栽培以排水良好的土壤为宜，夏季休眠。应用于林下地被、花坛、花境、盆栽、岩石园。

百合科 Liliaceae

郁金香类 *Tulipa* cvs.

具鳞茎的多年生草本。世界著名的球根花卉，栽培历史悠久，目前市场上有8 000多个品种，每年还有新品种登记，例如以2010年上海世界博览会吉祥物名字命名的郁金香新品种'海宝'等。

夏季休眠，秋冬生根发芽，但不出土。经历冬季低温后，翌年2月上旬左右（需温度5℃以上）开始长出茎叶，大多数植株在3—4月开花。开花的适宜温度为15～20℃；花芽分化的适宜温度为20～25℃，但不超28℃。长日照花卉，喜冬季温暖湿润、夏季凉爽干燥的气候，以及阳光充足、避风的环境，8℃以上可正常生长，耐-14℃低温；如有厚雪覆盖，鳞茎可在露地越冬。栽培以肥沃（富含腐殖质）、疏松、排水良好的微酸性砂质土壤为宜，忌碱性土和连作。

应用于鲜切花、盆花、花坛、庭院、阳台、花境等。

'阿培尔顿'郁金香
Tulipa **'Apeldoorn'**

达尔文杂交郁金香（Darwin hybrid tulip）品种之一。植株高50～60 cm。花橙红色，有金黄色缎带。

金花姬郁金香
Tulipa clusiana var. *chrysantha*

植株高20～30 cm。花瓣正面均为金色，而组成外轮的3枚花瓣背面淡红色。每天中午开花。

'条纹薄荷糖'姬郁金香
***Tulipa clusiana* 'Peppermint Stick'**

单瓣郁金香品种。植株高 20～30 cm。花瓣有红白相间的条纹；开花时间较短，每天晨开暮合。

'金色阿培尔顿'郁金香
***Tulipa* 'Golden Apeldoorn'**

达尔文杂交郁金香品种之一。植株高 50～60 cm，花黄色。

'法国之光'郁金香
***Tulipa* 'Ile de France'**

胜利郁金香（Triumph tulip，又称特瑞安郁金香）品种之一。植株高 45～50 cm，花红色。以花大、明亮、开花时间长而著名。

酢浆草科 Oxalidaceae

关节酢浆草 Oxalis articulata

原产自南美洲的热带地区。叶基生，有毛；小叶3枚，扁圆状倒心形；托叶长圆形，顶部狭尖，与叶柄基部合生。二歧聚伞花序，通常排成伞形花序；花有5枚花瓣，倒心形，淡紫色至紫红色，基部颜色较深。花期为4—6月。

喜阴湿的环境，以及富含腐殖质、排水良好的砂质土壤，不耐寒。应用于花坛、花境、庭院、疏林地、林缘、广场、室内阳台。

紫叶酢浆草 Oxalis triangularis subsp. papilionacea

三出掌状复叶，簇生；小叶呈等腰三角形，着生在叶柄上；叶正面玫红色，中间有不规则的"人"字形、浅玫红的色斑，并向叶缘延伸；叶背面深红色，有光泽。伞形花序；花浅粉红色，花瓣5枚，倒卵形，微向外卷。花果期为3—8月。

5 观赏草

莎草科 Cyperaceae

棕榈叶薹草 *Carex muskingumensis*

多年生冷季型草本。植株高 30～60 cm。叶丛密集，叶散生于茎秆上；叶片锥形，黄绿色。穗状花序，果序长卵形。花期为 5—6 月。

栽培以阴湿的土壤为宜。应用于林下地被、花境。

金叶薹草
Carex oshimensis 'Evergold'

多年生冷季型草本。植株高 30～60 cm。叶片中间具白色至乳黄色条纹，边缘深绿色。花期为 2—3 月。

喜阴凉、湿润的环境，不耐寒。应用于滨水地带、湿地、荫生花境、林下地被、盆栽。

禾本科 Poaceae

'卡尔'拂子茅 Calamagrostis × acutiflora 'Karl Forest'

多年生冷季型草本。植株高 120～160 cm。茎秆直立，呈竖向线条。叶片深绿色。早春萌芽，晚春开花。圆锥花序长 15～30 cm，宽 5～7 cm。花期为 5—8 月。

喜光，耐半阴；耐旱，栽培以湿润、肥沃、排水良好的土壤为宜。株型整齐，可列植作为障景或引导游览路线，或丛植在花境中，也可孤植或盆栽；花序可作为鲜切花或干花材料。

白穗狼尾草 Cenchrus alopecuroides 'White'

多年生暖季型草本。植株高 50～160 cm，株型散开。叶片线形，深绿色，长 60～80 cm，宽 2～8 mm。圆锥花序长达 25 cm，初开时淡绿色，后逐渐变为白色。颖果长圆形，长 2～3.5 mm，花果期为 7—10 月。

喜光，耐旱，耐盐碱。适合孤植或丛植在花境中，也可配置在花坛、滨水景观、坡面绿化中，或盆栽；花序可作为切花或干花材料。

观赏谷子 *Cenchrus americanus*

一年生草本。植株高 60～150 cm。茎秆圆柱状，偶有分枝，表面光滑；小枝刚毛状，常呈紫色。叶二列互生；叶片条形，幼嫩时青绿色。茎和叶中脉颜色有青紫、粉紫、紫红、紫墨、深紫等。圆锥花序穗状，基部的主轴周围有紫色柔毛。

喜阳，耐暴晒，但在轻度遮阴条件下也可生长。温度低于16℃时，生长延迟或停止。耐旱，在疏松、肥沃、排水良好的微酸性或中性土壤中生长良好。应用于花境、组合盆栽等。

翡翠公主系列
Jade Princess Series

植株高 60～75 cm。株型圆整，是观赏谷子中株型最紧凑的系列。叶片深柠檬绿色。应用于花境、盆栽。

戏臣系列
Jester Series

植株高 90～120 cm。叶色独特，嫩叶为鲜亮的黄绿和酒红双色，成叶在全日照下变为暗红褐色。应用于组合盆栽、花境。

紫爵系列
Purple Baron Series

植株高 75～110 cm。株型紧凑，分枝性好，长势强健。与紫威系列相比，叶色稍深，叶更短、更宽。幼苗为绿色，随着植株渐渐成熟，茎和叶的中肋变为紫色，而叶在全光照下呈暗紫色。

紫威系列
Purple Majesty Series

植株高 120～150 cm。幼苗为绿色；长到大约第8枚叶后，茎和叶的中肋变为紫色，叶在全光照条件下转为暗紫色；成熟的茎、叶和花穗都为深紫色。花穗香蒲状，长 30～35 cm。应用于花坛、大型组合盆栽、切花。

紫叶狼尾草
Cenchrus × cupreus 'Rubrum'

多年生暖季型草本。植株高 120～160 cm，茎秆直立。叶片线形下垂，紫红色。圆锥花序穗状，长 25～40 cm，初开时紫红色，后逐渐变为米黄色。花期为 6—10 月，很少有种子。

喜光，耐旱，不耐寒，在上海仅作一年生应用。观赏价值较高，适合孤植或丛植在花坛、花境中，或列植作为障景，也可盆栽；花序可作为鲜切花或干花材料。

绒毛狼尾草 *Cenchrus longisetus*

多年生暖季型草本。植株高 50～90 cm，株型松散。叶片狭长，下垂并略呈匍匐状。圆锥花序纯白，长 6～10 cm。花期为 6—10 月。

喜光，耐旱，不耐寒。应用于庭院、公园、岩石园、旱溪花园、盆栽，花序可作为鲜切花或干花材料。

羽绒狼尾草 *Cenchrus setaceus*

多年生暖季型草本。植株高 120～160 cm，株型整齐、紧凑。叶片狭长，深绿色，向四周自然弧形下垂。圆锥花序穗状，花穗长 25～40 cm，初开时浅紫色，逐渐变为粉红色，冬季变为米黄色。花期为 5—9 月。

喜光，耐旱，不耐寒。适合孤植或丛植于花坛、花境中，也可列植用于引导游览路线，或盆栽；花序可作为鲜切花或干花材料。

小盼草 Chasmanthium latifolium

多年生暖季型草本。植株高 100~150 cm，茎秆直立。叶片长 18~20 cm，宽 2 cm。穗状花序，形似风铃，初开时淡绿色，秋季变为棕红色，冬季变为米色。花果期为 5—9 月。

喜光，耐旱，耐短期水湿。应用于庭院、公园、旱溪花园、盆栽，花序可作为切花或干花材料。

蒲苇 Cortaderia selloana

多年生暖季型草本。植株高 200~300 cm，茎秆粗壮。叶片质地坚硬，边缘粗糙，呈锯齿状。圆锥花序大而稠密，长 50~100 cm，初开时粉红色，后逐渐变为银白色。花期为 8—10 月。

喜光，耐旱，耐水湿，不耐寒。适合在庭院、公园、草坪上孤植，或配置在滨水景观中；花序可作为插花材料。

香茅 Cymbopogon citratus

多年生暖季型草本。原产自印度南部和斯里兰卡，现在广泛种植于热带地区。植株高 60～100 cm，株型整齐、美观，茎秆和叶具柠檬香味。叶形优美，叶片长 30～90 cm，宽 1～2.5 cm，上部逐渐变尖并下垂。假圆锥花序，长约 50 cm。花果期为 6—7 月，但很少开花。

喜光，耐旱，耐轻度遮阴。应用于花坛、花境、芳香园、盲人花园、盆栽。

丽色画眉草 Eragrostis spectabilis

多年生暖季型草本。植株高 40～60 cm，株型紧凑。叶片深绿色，长 20～30 cm，质地较硬，呈放射状向四周散开。圆锥花序繁密，初开时绿色至淡粉红色，后逐渐变为淡紫色。颖果细小，红褐色。花果期为 8—10 月。

喜光，耐旱，耐寒，耐盐碱。应用于花坛、花境、专类园、盆栽等。

坡地毛冠草 *Melinis nerviglumis* 'Pink Crystals'

多年生暖季型草本。植株高 30～60 cm，散射状丛生。叶片狭长，蓝绿色。圆锥花序长约 20 cm，初开时粉红色，后逐渐变为淡紫色。花果期为 6—10 月。

喜光，耐旱，不耐寒，多生长在排水良好的砂质土壤中。应用于庭院、花坛、花境、专类园、花海、盆栽。

细叶芒
Miscanthus sinensis 'Gracillimus'

多年生暖季型草本。植株高 120～160 cm，茎秆直立。叶片线形，绿色，中脉白色明显，长 30～50 cm。圆锥花序繁密，长 20～40 cm，初开时淡红色，后逐渐变为银白色。花期为 8—10 月。

喜光，耐旱，耐短期水湿。应用于公园、庭院、旱溪花园等景观，也可作为点缀丛植在水边。

粉黛乱子草 *Muhlenbergia capillaris* Regal Mist ('Lenca')

多年生暖季型草本。植株高100～120 cm。叶片线形，深绿色，质地硬。圆锥花序繁密，初开时浅粉红色，盛开时玫红色，干枯后淡米黄色。花果期为9—11月。

喜光，耐旱。适合营造花海，或丛植于花境中，也可盆栽；花序可作为切花或干花。

柳枝稷 *Panicum virgatum*

多年生暖季型草本。植株高120～150 cm。秆坚硬、直立，不易倒伏。叶片线形。圆锥花序，长20～30 cm。花果期为6—10月。

喜光，耐旱，耐寒。应用于花坛、花境、庭院、专类园，可列植或片植用做分界线或屏障，也可盆栽。

'重金属'柳枝稷
Panicum virgatum **'Heavy Metal'**

叶片在夏季为蓝绿色，秋季变为褐色，冬季再变为黄褐色。

'谢南多'柳枝稷
Panicum virgatum **'Shenandoah'**

叶片主要为绿色，叶尖紫红色。盛花时如朦胧梦幻。

玉带草 *Phalaris arundinacea*

多年生冷季型草本。植株高60～120 cm，具蔓生性。叶片带状，边缘具乳黄色或白色的纵向条纹。圆锥花序狭窄紧密，长8～15 cm。花果期为6—8月。

喜光，耐半阴。适合列植作为绿篱，也可盆栽，或片植在湿地景观中。

细茎针茅 *Stipa tenuissima*

多年生冷季型草本。植株高 30～60 cm。叶片纤细，柔软如发丝，黄绿色。圆锥花序长约 30 cm，初开时浅绿色，后变为黄褐色。花果期为 5—8 月。

喜光，耐旱性强。适合庭院配置，也可盆栽，或点缀在岩石、旱溪花园中。

6 多肉花卉

番杏科 Aizoaceae

绿光阳玉
Lithops euniceae 'Bellaketty'

俗称C048A、绿流水。生石花属植物主要分布在南非和纳米比亚干旱的石砾岩缝和半沙漠中。植株矮小,主要由两枚对生的肉质叶联结而成。叶内贮藏大量水分,能使植株度过漫长的旱季;叶片顶端平坦,表面的花纹与周围的干旱碎石环境相似。生长期需给予充足的阳光和良好的通风,夏季休眠期要遮阴和适当地断水。

回欢草科 Anacampserotaceae

红花韧锦 *Anacampseros quinaria*

多年生矮生肉质草本。原产自南非北开普省纳马夸兰地区,常生长在干旱的砂石或岩石缝隙中。根茎肥大似萝卜,顶部扁平,密集丛生着地上茎;地上茎细弱,被银白色托叶包裹。花单生于枝顶,白色或粉红色。生长缓慢,十分耐旱。栽培忌积水,以排水好的颗粒介质为宜。

天门冬科 Asparagaceae

龙舌兰 *Agave americana*

大型多肉植物，又称美洲龙舌兰。原产自墨西哥，现在世界范围内广泛栽培。植株高约 1.5 m，全株灰蓝色。叶倒披针状线形，呈莲座状排列，边缘具疏刺，顶端有 1 枚暗褐色硬尖刺。花序从植株中心伸出，高达 6 m，极其壮观。

生长迅速。上海地区在背风向阳处可露地栽培。

'金边'龙舌兰
Agave americana **'Marginata'**

一般认为是龙舌兰的园艺栽培种，但也有资料认为是龙舌兰的变种。叶边金黄色，观赏性优于龙舌兰；能耐至少 -9 ℃ 低温，耐寒性也比龙舌兰略强。

虚空藏 Agave parryi

中型多肉植物，又称巴利龙舌兰。株型紧凑，形如包心菜。叶片灰绿色，宽卵形；叶尖有顶刺，深棕色或黑色。喜热，耐寒，生长较慢。

'五色万代'龙舌兰 Agave univittata 'Quadricolor'

中小型龙舌兰，植株高约 40 cm。叶片深绿色，中间淡绿色；叶缘黄色，在光线充足下会变成淡红色。由于叶片有 5 条色带，被称为"五色万代"。可耐 -12 ℃低温；也耐热，但夏季应避免阳光直射。

象腿丝兰 Yucca gigantea

常绿灌木或小乔木，又称象脚丝兰。原产自美洲中部。植株高 8～12 m。茎干粗壮、挺立，基部膨大。叶片窄披针形，革质，坚韧。花白色。栽培比较容易，冬季温度骤降时，只需简单包裹即可安全越冬，上海地区在向阳背风处可全年露养。应用于庭院绿化、室内盆栽。

阿福花科 Asphodelaceae

'白妙'万象 *Haworthia truncata* var. *maughanii* 'Shirotae'

十二卷属（*Haworthia*），又叫瓦苇属，主要分布在非洲南部。属内大多种类株型小巧可爱，易栽培，尤其是万象的一些品种。由于生长缓慢，加上长期人工选育，表型丰富，受到爱好者热捧。

仙人掌科 Cactaceae

广义的"仙人掌"是仙人掌科仙人掌属（*Opuntia*）下具有扁平叶状茎的植物的统称，全属200余种。肉质灌木或小乔木，茎直立、匍匐或上升，常具多数分枝，分枝侧扁、圆柱状、棍棒状或近球形；形状奇特，刺的外观多样，花很漂亮，果实可作为水果食用，许多种的叶状茎能作为蔬菜食用。狭义的"仙人掌"特指仙人掌属的仙人掌（*O. dillenii*）这一物种。

原产自美洲大陆的热带至温带地区，分布从加拿大南部至阿根廷、智利南部等地区，以墨西哥分布最集中，现大部分物种已被引种栽培，其中超过20种在东半球热带和亚热带地区归化。早在1625年，原产自南美洲的单刺仙人掌（*Opuntia monacantha*）最先被引入我国，而现在我国南部和西南部已有4种仙人掌属植物归化。上海园林绿化中用到的仙人掌属植物有仙人掌（*O. dillenii*）、圆武扇（*O. humifusa*）、梨果仙人掌（*O. ficus-indica*）、仙人镜（*O. phaeacantha*）、黄毛掌（*O. microdasys*）等。

喜阳光充足、温暖、干燥的环境，以及排水良好的砂质土壤，耐热，耐旱；可耐短暂低温，在上海可露地越冬。栽培管理粗放。应用于荒坡、屋顶、庭院、墙面立体绿化、岩石园。

美杜莎星球 Astrophytum caput-medusae

因其条状茎呈放射状生长，外形似传说中的蛇发美女美杜莎而得名。原产自墨西哥。根部通常膨大呈萝卜状；花着生在条状茎顶端的刺座上，漏斗形，淡黄色。生长期为夏季，喜排水良好的颗粒介质，需土壤干透再浇水；冬季休眠期应保持干燥，或少量浇水。姿态优美，造型奇特，可盆栽置于书桌、茶几、窗台上。

金琥 Echinocactus grusonii

植株圆球形，通常单生，高达1 m以上。嫩刺金黄色，后期变成淡黄色；刺座整齐地排列在一条条棱上，极具观赏价值。喜透水性好的土壤，可在地势高、向阳、背风处的室外小环境栽培。

仙人掌 Opuntia dillenii

植株呈灌木状，高达2 m。茎节蓝绿色，倒卵形至长圆形，常具白粉。花黄色；果梨形，可食用。各地广泛栽培，在我国华南地区归化。应用于盆栽、岩石园。

梨果仙人掌 Opuntia ficus-indica

多年生灌木,又称食用仙人掌。原产自墨西哥,现在世界温暖地区广泛栽培。植株高 3～5 m。茎厚实、多汁,长圆形;分枝和刺的形状变化大。花期为夏季,花色有白、黄、红等。果期为 8—11 月,果实淡绿色、黄色至深红色。这是热带美洲干旱地区重要果树之一,栽培品种丰富,浆果味美可食;植株可放养胭脂虫,生产天然洋红色素。我国最早引种记录在 1645 年,但目前在上海仅见盆栽或少量庭院种植。

黄毛掌 Opuntia microdasys

又称黄毛仙人掌、兔耳掌。原产自墨西哥中部和北部。植株高 30～60 cm。茎簇生,常匍匐生长;茎节长圆形,长约 10 cm,黄绿色,表面密布细柔毛,小窠(刺着生的部位)具金黄色倒钩毛。耐寒性较梨果仙人掌略差。

仙人镜 Opuntia phaeacantha

原产自美国西南部和墨西哥北部。植株蔓生状;茎节近圆形,长达 40 cm。花直径约 7 cm,黄中带淡红色;果实紫色。

景天科 Crassulaceae

'棱叶'玛丽安水泡 *Adromischus marianae* 'Leaf Edges'

多年生小型肉质草本植物。通常具粗大的根茎；叶片肥厚，叶型多样，在阳光充足时叶色丰富。非常适合盆栽。

胧月 *Graptopetalum paraguayense*

别名石莲花、宝石花。原产自墨西哥。根纤细；茎健壮，通常匍匐生长，基部常呈灌木状。叶莲座状排列；叶片肥厚，菱形或匙形，表面有一层蜡质白粉，常呈灰绿色或灰白色，光线较强或温度较低时带有淡粉紫色。花期为春季。

喜阳光充足的环境和排水良好的土壤，不耐积水，耐旱，耐热，可露地越冬。应用于屋顶、岩石园、斜坡绿化、盆栽。

姬胧月
× *Graptosedum* 'Bronze'

胧月与珊瑚珠（*Sedum stahlii*）的杂交后代。外观接近胧月，但株型较小；叶片匙形，紧凑，无白粉，通常浅紫红色或浅铜红色。生长迅速，分枝多，适应性强，易栽培。

逆弁庆草 *Petrosedum rupestre*

多年生蔓性草本，又称反曲景天。叶轮生，线形，先端渐尖，通常灰蓝色。阳光充足时茎节短缩，叶片排列紧密，形似小杉树。本种与薄雪万年草相似，但株型、叶片、茎干均较后者大，叶片中部反折或微向内弯曲。花期为春夏。

喜凉爽、干燥的环境，耐寒，忌湿热。

佛甲草 *Sedum lineare*

多年生肉质草本，分布于我国除东北和华北之外的低山、平地和草坡上。株型整齐、美观，叶片线形。花黄色，顶生。花期为4—5月。

适应性强，耐旱，耐寒，耐瘠薄，耐盐碱，生长迅速，繁殖和栽培容易，抗病虫害能力强。应用于屋顶绿化、立体绿化等。

薄雪万年草 Sedum hispanicum

多年生肉质草本，蔓生。株型紧密，茎节易生不定根。叶螺旋状排列于茎上，下部的叶易脱落；叶片棒状，灰绿色或灰蓝色，有蜡质白粉。

长势强健，耐寒，耐热，极易栽培。应用于屋顶绿化、立体绿化等。

观音莲 Sempervivum tectorum

长生草属比较大型的一种。茎短，叶莲座状着生在其上；叶片长卵形，先端尖，叶缘具不明显的短柔毛，并在阳光充足或昼夜温差大时变红。生长快，通过基部的走茎和侧芽便可繁殖。

喜凉爽、通风的环境，较耐寒，在长江流域以南可露地越冬，夏季忌湿热。

薯蓣科 Dioscoreaceae

南非龟甲龙 Dioscorea elephantipes

多年生木质藤本，属块茎类多肉植物，因其茎基部膨大，表皮龟裂，类似龟甲而得名。原产自南非。生长期从秋季至翌年春季，喜阳光充足、温暖的环境，以及疏松透气、排水良好的基质。夏季休眠，枝叶枯萎，适当断水有利于度夏。以古朴的紫砂盆或陶盆为容器摆放在书桌、茶几上时，具有极佳的观赏效果。

7 木本花卉

五福花科 Adoxaceae

布克荚蒾 Viburnum × burkwoodii

常绿灌木，株高约 3 m。叶片一般深绿色，秋天变为栗色。聚伞花序顶生，花具芳香。核果呈浆果状，未成熟时红色，成熟时黑色。花期为 3—4 月。

喜阳或半阴，较耐旱，较耐寒，栽培以排水良好的土壤为宜。繁殖以扦插为主，宜早春或晚秋移植。

漆树科 Anacardiaceae

黄栌 *Cotinus coggygria*

落叶小乔木或灌木。树冠圆形，木质部黄色。叶互生；叶柄细，无托叶；叶片全缘或具齿，倒卵形或卵圆形，春夏季绿色，秋季变为红色。圆锥花序顶生，疏松；花小，花瓣5枚，长卵圆形或卵状披针形，紫褐色或略带紫色的棕色。花期为5—6月，果期为7—8月。

喜光，耐半阴，遮阴会使叶片返绿；耐寒，耐旱，耐瘠薄和碱性土壤，不耐水湿，栽培以深厚、肥沃、排水良好的砂质土壤为宜。生长快，根系发达，萌蘖性强，是优良的观花和色叶植物。应用于庭院、行道树、花境，也可修剪成圆球形或孤植。

'紫叶'黄栌
Cotinus coggygria **'Purpureus'**

落叶小乔木或灌木。形态与黄栌类似，但叶片和花序均为紫红色。花期为5—6月，果期为7—8月。

'皇家紫'黄栌
Cotinus coggygria **'Royal Purple'**

落叶小乔木或灌木。形态与'紫叶'黄栌类似，但植株矮小、紧凑，主干短或呈不明显的丛生状。

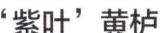

'金叶'黄栌
Cotinus coggygria **'Golden Spirit'**

落叶小乔木或灌木。形态与'皇家紫'黄栌类似，但叶片黄绿色，花绿色带淡红色，主干短或呈不明显的丛生状。

小檗科 Berberidaceae

'丰裕'间型十大功劳 *Berberis* × *hortensis* 'Charity'

常绿灌木,植株高约 2 m。直立性较好,生长旺盛,萌枝较多,自然形成球形,枝叶丰满。叶革质,有小叶 5～6 对。总状花序集生于枝顶;花黄色,有香味。花期较长,从 11 月至翌年 3 月。

较喜光,耐寒性较好,对土壤要求不高;根部芽较多,需及时修剪。

安坪十大功劳 *Mahonia eurybracteata* subsp. *ganpinensis*

常绿灌木。叶长圆状倒披针形,具 6～9 对斜升的小叶;小叶较狭,宽 1.5 cm 以下,基部楔形,每边具 3～9 枚刺齿,先端渐尖。总状花序,长 5～10 cm,4～10 个簇生;花黄色。浆果倒卵形或长圆形,蓝色或淡红紫色;具宿存的花柱,有白粉。花期为 8—11 月,果期为 11 月至翌年 5 月。

半阴环境栽培,喜湿润但排水良好的土壤。应用于道路绿化、花境、林下、庭院遮阴处、盆栽。

火焰南天竹 *Nandina domestica* 'Fire Power'

小灌木,植株高 30～40 cm。嫩枝常为红色,老枝灰色。叶片卵形、长卵形或卵状长椭圆形,全缘、光滑;嫩叶暗红色,后变绿或带红晕,入冬后呈红色且经冬不凋。圆锥花序直立;花小,白色,具芳香。浆果球形,成熟时鲜红色,偶尔橙红色。

喜阳光充足、温暖、湿润的环境;对土壤要求不高,但以疏松、排水良好的土壤为宜。应用于花境、园林小品、庭院墙隅(与赏石相配)。

忍冬科 Caprifoliaceae

大花六道木 *Abelia × grandiflora*

常绿矮生灌木。嫩枝红褐色，有短柔毛。叶片倒卵形，墨绿色，有光泽。花小，钟形，粉白色，有香味，数朵着生在叶腋或花枝顶端，呈圆锥花序或聚伞花序。花期为5—11月，可持续开花。

对光线要求不高，耐寒；耐旱，耐短期洪涝，抗土壤瘠薄和盐碱。萌发力强，耐修剪，可修成规则的球形列植于路旁，也应用于花篱、岩石缝、林下。

金叶大花六道木
Abelia × grandiflora 'Francis Mason'

叶片倒卵形，金色，新叶尤为明显，但有时叶片中间出现绿色斑块。花小，钟形，粉白色，有香味，数朵着生在叶腋或花枝顶端，呈圆锥花序或聚伞花序。花期为5—11月。耐阴，但在遮阴处时叶色会返绿。

花叶大花六道木
Abelia × grandiflora 'Sunrise'

叶片倒卵形，带金边。花钟形，粉白色，有香味。花期为5—11月。耐阴，但在遮阴处时叶色会返绿。

'粉云'猬实 Linnaea amabilis 'Pink Cloud'

落叶灌木，植株伞形，高约 2.5 m，冠幅约 3 m。叶片椭圆形至卵状椭圆形，上面深绿色，两面散生短毛。花梗极短，苞片披针形。花冠淡红色，花药宽椭圆形，花柱有软毛。果实黄色。先花后叶，花量大，盛花时远观犹如一片粉红色云彩，故得名"粉云"。花期为 4—5 月。

喜阳光充足的环境，以及肥沃、中等湿度但排水良好的土壤，耐高温暴晒，也耐半阴，还较耐旱。耐修剪，开花后需轻度修剪，冬季应去除病枯枝，春季时嫩枝易遭蚜虫侵害。应用于大型花境、孤植。

葱皮忍冬 Lonicera ferdinandi

落叶灌木，植株高约 3 m。嫩枝有刚毛，叶片纸质或厚纸质。花淡黄色，基部具叶状苞片；果实红色，卵圆形。花期为 3—4 月。

较喜光，也耐阴，还耐旱、耐水湿；对土壤要求不高，酸性或碱性土壤均能适应，以湿润、肥沃、深厚的砂质土壤为宜。枝叶丰满，耐修剪，应用于植物造型。

忍冬 Lonicera japonica

半常绿灌木。茎缠绕或匍匐状，每年春夏两次发梢，着地即能生根；根系发达，萌蘖性强。叶对生，卵形，枝叶均密生柔毛和腺毛。苞片叶状，花唇形，有淡香；初开时白色，后转为黄色，因此得名金银花。浆果球形，成熟时黑色。花期主要为 4—6 月，但秋季也常开花；果期为 10—11 月。

适应性很强，喜阳，耐阴，耐寒，也耐旱和耐水湿；对土壤要求不高，但在深厚、湿润、肥沃的砂质土壤中生长最好。应用于垂直绿化、庭院造景。

金脉忍冬
Lonicera japonica **'Aureoreticulata'**

落叶或半常绿藤本。茎长 6 m 以上，向右旋状、缠绕。叶对生；叶片卵状椭圆形，具金色脉纹。花成对着生在叶腋，初开时白色，后逐渐变为黄色。花期为 3—10 月。

西洋接骨木 Sambucus nigra

落叶乔木或灌木，植株高 4～10 m。嫩枝具纵条纹，二年生枝黄褐色，具明显凸起的圆形皮孔。根系发达，萌蘖性强。羽状复叶具短柄，有小叶 1～3 对，通常 2 对，椭圆形或椭圆状卵形。果实亮黑色。花期为 4—5 月，果期为 7—8 月。

适应性较强，喜光，耐阴，较耐寒，耐旱；对土壤要求不高，但以肥沃、疏松的土壤为宜，忌水涝；抗污染性强。

'黑色蕾丝'西洋接骨木
Sambucus nigra **'Eva'**

植株高 2～2.5 m。羽状复叶紫黑色。花朵粉红色，花期为 6—7 月。浆果黑紫色。

银边接骨木
Sambucus nigra **'Marginata'**

叶片具黄白色花边。聚伞花序圆锥形，分枝 5 出，平散，直径约 12 cm。花小而多，花冠黄白色。果实亮黑色。

锦带花类 *Weigela* cvs.

落叶灌木。树皮灰色；嫩枝稍成四棱形，有短柔毛。叶具短柄或无柄，基部宽楔形至圆形；叶片矩圆形、椭圆形至倒卵状椭圆形，上面疏生短柔毛且脉上的毛较密，下面密生短柔毛或绒毛；叶缘有锯齿，顶端渐尖。花单生或形成聚伞花序，着生在侧生短枝的叶腋或枝顶；花冠紫红色或玫瑰红色，外面疏生短柔毛。果实顶端有短柄状喙，疏生柔毛。花期为4—6月。

喜光，耐阴，耐寒；对土壤要求不高，能耐土壤的瘠薄，但以深厚、湿润、富含腐殖质的土壤为宜，忌水涝。萌芽力强，生长迅速。应用于庭院墙隅、湖畔群植、林缘篱笆、假山、坡地，花枝可供瓶插。

'紫叶'锦带花
Weigela florida 'Foliis Purpureis'

叶片紫黑色，花冠紫粉红色。

'花叶'锦带花
Weigela 'Kosteriana Variegata'

叶缘有明显的黄白色花纹。花冠粉色或粉白色。

'矮花叶'锦带花
Weigela 'Nana Variegata'

植株紧凑。叶缘有黄白色斑纹，花粉红色或白色。

'红王子'锦带花
Weigela 'Red Prince'

花冠红色。

卫矛科 Celastraceae

南蛇藤 Celastrus orbiculatus

落叶藤本。小枝光滑，灰棕色或棕褐色，具稀且不明显的皮孔。叶片通常宽倒卵形、近圆形或长椭圆形，先端宽，具小尖头或短渐尖。聚伞花序腋生，间或顶生，长1～3 cm，着生花1～3朵；花梗的关节在花序中部以下。雄花萼片钝三角形；花瓣倒卵状椭圆形或长方形；花盘浅杯状，裂片浅，顶端钝圆。蒴果近球形，冬季不落果，观果效果好；种子椭圆形，稍扁，赤褐色。花期为5—6月，果期为7—10月。

喜光，耐阴，抗寒，耐旱；对土壤要求不高，栽植以背风、向阳、肥沃、湿润但排水良好的砂质土壤为宜。应用于垂直绿化、庭院种植、墙体覆盖、盆景。

卫矛 Euonymus alatus

灌木。小枝常具2～4列宽的木栓翅。叶片卵状椭圆形、窄长椭圆形，偶尔倒卵形，两面光滑，边缘具细锯齿。聚伞花序多为3朵花；花瓣白绿色，近圆形。蒴果，有1～4处深裂，裂瓣椭圆形。花期为5—6月，果期为7—10月。

喜光，稍耐阴，耐低温；对土壤适应性强，耐干旱和瘠薄，萌芽力强。应用于道路绿化、庭院造景等。

'火焰'卫矛
Euonymus alatus 'Compactus'

落叶灌木。形态与卫矛相似，但木栓翅较小；植株低矮，枝条紧凑，株型比卫矛更规整。叶片在秋季变红。

扶芳藤 *Euonymus fortunei*

常绿藤本状灌木。叶片薄革质,椭圆形、长椭圆形或长倒卵形,宽窄变化较大,可窄至近披针形;先端尖,基部楔形,边缘的锯齿浅或不明显;侧脉细微,小脉全不明显。聚伞花序由4朵花组成,花瓣白绿色。蒴果粉红色,果皮光滑,近球形。花期为6月,盛果期为10月。

喜阳光充足、温暖、湿润的环境,耐阴,在雨量充沛、空气湿度大的条件下生长健壮。对土壤适应性强,酸性、碱性和中性土壤均能正常生长,栽培以疏松、肥沃的砂质土壤、砂石地和石灰岩山地为宜。应用于城市园林、道路绿化、地被、攀援植物、盆栽。

银边扶芳藤
Euonymus fortunei 'Emerald Gaiety'

常绿至半落叶藤本状灌木。叶缘具白色花纹。冬季低温时叶片变红;春季叶芽发育完毕后,过冬老叶掉落。

马桑科 Coriariaceae

马桑 *Coriaria napalensis*

落叶灌木,植株高约2.5 m。小枝四棱形或成四狭翅,老枝紫褐色。叶对生;叶柄短,紫色;叶片纸质至薄革质,先端急尖,基部圆形,两面无毛或叶脉上有稀疏的毛,叶背凸起。总状花序,雄花序先于叶开放。萼片卵形;花瓣极小,卵形。果球形,成熟时由红色变紫黑色。花期为3—4月。

适应性强,对土壤要求较低。应用于园林绿化、庭院造景。

山茱萸科 Cornaceae

红瑞木 *Cornus alba*

落叶灌木,植株高约 3 m。嫩枝有淡白色短柔毛,老枝秃净且有蜡状白粉。冬芽卵状披针形,有灰白色或淡褐色短柔毛。叶对生;叶片纸质,椭圆形,稀卵圆形。聚伞花序呈伞房状,顶生,较密,宽约 3 cm;花小,花瓣 4 枚,白色或淡黄白色,卵状椭圆形。花期为 6—7 月。

喜湿润、光线良好或半阴的环境,栽培以深厚、疏松、肥沃、排水良好的土壤为宜。主要观赏落叶后的红色枝条,应用于花境、绿化带、绿篱等。

金叶红瑞木
***Cornus alba* 'Aurea'**

落叶灌木。与红瑞木的不同之处在于其叶片金黄色,春季新叶尤为明显。冬季枝条为红色,既可观叶又可观花。

胡颓子科 Elaeagnaceae

金边埃比胡颓子
Elaeagnus × submacrophylla 'Gilt Edge'

常绿灌木。叶互生;叶片椭圆形至长椭圆形,先端渐尖,基部圆,全缘,金色的边缘具波状扭曲,长 5～10 cm,比胡颓子叶片宽大;嫩叶正面有银白色鳞斑,背面具银白色鳞斑,老叶正面平滑且有光泽,背面淡绿色。

适应性强,耐高温,也抗寒;耐旱,也耐湿;还耐土壤瘠薄;抗病虫害。生长迅速,枝叶密集又耐修剪,可做造型。应用于庭院、道路绿化带。

牛奶子 *Elaeagnus umbellata*

落叶灌木。茎直立，多分枝；嫩枝有浓密的银白色鳞片和少数黄褐色鳞片。叶片纸质或膜质，椭圆形、卵状椭圆形或倒卵状披针形，背面密布银白色鳞片，同时散生少数褐色鳞片；成熟后脱落，干燥后淡绿色或黑褐色。果实球形或卵圆形，未成熟时绿色，有银白色或褐色的鳞片，成熟时红色。花期为4—5月，果期为7—8月。

应用于道路绿化、庭院。

南鼠刺科 Escalloniaceae

'艾维依'南美鼠刺 *Escallonia* 'Iveyi'

杂交栽培品种。常绿灌木，植株高1.5～2 m。单叶互生，稀对生或轮生；叶片深绿色，有光泽，边缘有细锯齿。小花两性，辐射对称，排成总状花序；花瓣4～5枚，白色。夏秋季开花。

喜阳，较耐寒，多生长在排水良好的土壤中。主要应用于花境、庭院、树篱。

豆科 Fabaceae

白刺花 Sophora davidii

灌木或小乔木，植株高 1～4 m。枝多开展，小枝初期有毛，不育枝末端明显变成刺，有时分叉。羽状复叶。总状花序，着生在小枝顶端；花萼钟形，稍歪斜，蓝紫色；花冠白色或淡黄色，旗瓣有时稍带红紫色。花期为3—4月。秋季以种子繁殖，宜在早春移植。

耐旱，是非常好的水土保持树种。应用于园林绿化、护坡、庭院。

多花紫藤 Wisteria floribunda

又称日本紫藤。落叶藤本，树皮赤褐色。茎右旋；枝较细柔，分枝密；叶茂盛。羽状复叶，长 20～30 cm；下部枝的叶先开展。总状花序生于当年生枝的枝梢，同一枝上的花几乎同时开放。荚果倒披针形，种子 3～6 粒。花期 4 月中旬至 5 月中旬。

喜阳光充足的环境，耐高温，耐干旱，不择土壤。应用于向阳的墙壁、花架。

'白花'多花紫藤
Wisteria floribunda 'Alba'

叶茂密，羽状，浅绿色，秋天变黄。4 月中旬展新叶时开花，花序长 40～60 cm；花蝶形，白色。豆荚在秋季成熟，并可挂果到冬季。

'玫红'多花紫藤
Wisteria floribunda 'Rosea'

叶羽状，幼嫩时浅铜绿色，夏天变为中绿色。穗状花序，长 40～60 cm；花豌豆形，淡紫色。花期为 4 月下旬，叶与花同期。豆荚在秋季成熟，有时挂果到冬季。

紫藤 *Wisteria sinensis*

落叶木质藤本。茎沿逆时针方向缠绕。叶互生；奇数羽状复叶，具托叶。总状花序下垂，长15～30 cm；花蝶形，紫色，有芳香。花期为4月初，在长叶前或与叶同时开放。

喜阳光充足的环境。对土壤要求不高，但栽培以湿润、肥沃、透气性好的土壤为宜；喜肥，12月至翌年1月需施有机肥，5月底至6月初施一次磷钾肥。3月通过嫁接繁殖，6月通过扦插繁殖。主干自然变化多样，萌芽力强且耐修剪，年生长量大。应用于盆景、藤架、花篱、造型、孤植、立体绿化等。

'丰多'紫藤
Wisteria sinensis 'Prolific'

茎沿逆时针方向缠绕。羽状复叶，由7～13枚小叶组成，浅绿色。花序长20～40 cm，4月中旬先于叶开放；花蝶形，蓝紫色。豆荚长约15 cm，柔软，在秋季成熟，并挂果可到冬季。

壳斗科 Fagaceae

夏栎 *Quercus robur*

落叶乔木，植株高达40 m，根系深。小枝幼嫩时有毛，成熟时赭色；冬芽卵形，紫红色。叶片长倒卵形至椭圆形，正面淡绿色，背面粉绿色。果序纤细，壳斗钟形，小苞片三角形；坚果当年成熟，卵形或椭圆形，果脐内陷。花期为3—4月，果期为9—10月。

耐-40℃低温，也耐高温；耐旱，也耐短期水涝；抗风性强，并且抗烟尘；萌蘖性较强，但幼树和嫩枝抗晚霜性差。适应范围较广，较耐盐碱，在贫瘠的砂质土壤中能正常生长。应用于庭院孤植、行道树。

钩吻科 Gelsemiaceae

北美钩吻 *Gelsemium sempervirens*

常绿木质藤本，以嫩茎缠绕方式攀爬生长。地上茎纤细，幼嫩时绿色，成熟时红褐色；根茎粗壮。叶对生；全缘，披针形，羽状脉，具短柄，表面有光泽，先端尖。花黄色，喇叭形，顶生或腋生；花萼5深裂；花冠漏斗状，裂片5枚，花蕾期覆瓦状，开放后边缘向右覆盖，香味浓郁。花期为秋季，在温带地区春季也开花。

喜阳，但夏季忌暴晒；稍耐阴，但不可长期置于荫蔽处。在暖和、湿润、肥沃条件下生长茂盛，不耐寒。全株因含多种生物碱而有毒，其中花和嫩叶毒性最强，不可食用；汁液会对部分人的皮肤造成强烈的过敏反应。

金缕梅科 Hamamelidaceae

蜡瓣花 *Corylopsis sinensis*

落叶灌木。嫩枝有柔毛；老枝秃净，有皮孔。叶柄有星毛；叶片薄革质，倒卵圆形或倒卵形，有时长倒卵形；先端急短尖或略钝，基部为不等侧心形；边缘有锯齿，齿尖刺毛状。总状花序，有毛；花瓣匙形。蒴果近圆球形，有褐色柔毛。花期为3—4月。

喜阳光充足、凉爽、湿润的环境，以及肥沃、排水良好的土壤。应用于花境、庭院、盆栽、瓶插。

白缕梅 *Parrotiopsis jacquemontiana*

落叶小乔木或灌木，植株高达 6 m，冠幅达 4 m。叶片长圆形至圆形，边缘具浅锯齿。花序先于叶开放；花两性，基部有 4 枚硕大的白色苞片，较醒目。花期为 3 月下旬。

适应性强，喜阳或半阴，能耐受−20℃低温。秋季用当年的种子繁殖，萌发需 18 个月；春末夏初移植，栽培以林下为宜。应用于园林景观、盆景。

绣球科 Hydrangeaceae

'冰生'细梗溲疏 *Deutzia gracilis* 'Nikko'

落叶灌木。矮生品种，植株贴于地面。花星形，白色。

喜阳光充足的环境和湿润、排水良好的土壤，耐半阴，耐修剪。应用于花境、庭院、岩石园。

'艾丽丝'溲疏
Deutzia × hybrida 'Iris Alford'

中型灌木，植株冠幅约 1.5 m。嫩枝紫红色。花蕾深粉红色；单瓣花，星形；花瓣正面粉白色，背面粉红色。

喜光，耐半阴，耐旱。应用于庭院、岩石园。

'雪樱花'溲疏 Deutzia × rosea
Yuki Cherry Blossom ('Ncdx 2')

矮生灌木。叶片卵形或卵状披针形，春夏季为绿色，秋季为酒红色。花星形，背面深粉红色，正面奶油粉红色，有香味。

喜光，耐半阴，耐旱，耐修剪。应用于花篱、岩石园、瓶插。

'斑丽'重瓣溲疏
Deutzia scabra 'Plena'

落叶或半常绿灌木，植株高达 3 m。树皮呈薄片状，易剥落；小枝中空，红褐色。叶对生，有短柄；叶片卵形至卵状披针形。圆锥花序直立；重瓣花，外层花瓣粉白色，内层白色。

喜阳光充足的环境和湿润、排水良好的土壤，耐半阴，耐修剪。应用于花境、花篱、岩石园、瓶插。

绣球 *Hydrangea macrophylla*

又称八仙花。茎通常有细小的黑色或红色的条纹或斑点。叶柄很短，使多数叶片紧贴主茎；叶片一般长 10～15 cm，宽 7～12 cm，较厚，革质，心形，有光泽，叶缘多数具粗锯齿。花大色艳，栽培品种丰富，是优良的夏季开花灌木。栽培品种的聚伞花序分拖把头型和地中海型（又称蕾丝边型），前者应用广，整个花序由不孕的边花（花萼）组成，形如绣球；后者的花序中间是可育的小花，外周为四五组不孕的边花，边花开到后期会根据土壤的酸碱度表现为红色至蓝色（在上海偏碱性的土壤中，多为红色）。花期为 5—7 月。应用于花坛、花境、盆栽。

拖把头型

地中海型

'阿耶莎' 绣球
Hydrangea macrophylla 'Ayesha'

大花型品种。花序拖把头型，饱满。单瓣花；花瓣内凹；花初开时淡绿色，在上海开到后期一般呈粉红色。

'博登湖' 绣球
Hydrangea macrophylla 'Bodensee'

大花型品种。花序拖把头型，大且饱满，直径达 20 cm。单瓣花；花初开时粉红色，在盛花期时花内有淡黄色晕染。

'含羞叶'绣球
Hydrangea macrophylla 'Elbtal'

大花型品种。花序拖把头型,大且饱满,直径达 20 cm。单瓣花;花瓣边缘有锯齿,顶部渐尖;花初开时黄绿色,花瓣边缘红色;花开到中期时红色,花内有粉红色晕染。

'汉堡'绣球
Hydrangea macrophylla Hamburg ('Raham')

大花型品种。花序拖把头型,大且饱满,直径达 25 cm。花瓣较大;花初开时浅白至粉红色。

'花手鞠'绣球
Hydrangea macrophylla 'Hana-temari'

花序拖把头型,大且饱满,直径达 25 cm。重瓣花,初开时粉红色。

'伊娜手鞠'绣球
Hydrangea macrophylla 'Ina-temari'

株型、叶片和花序都较小,适合盆栽。叶披针形,较薄,革质,边缘光滑,长 5~10 cm,宽 4~7 cm。花序地中海型,较松散,直径 15~20 cm。边花为重瓣花,花瓣卵圆形,边缘光滑;初开时粉红色,开到中期呈粉红色至红色,盛花期到后期则为水红色。花期比其他绣球品种早 7~10 天。

'城琦'绣球
Hydrangea macrophylla 'Jogasaki'

花序地中海型,平展。边花为重瓣花,初开时淡绿色,在上海开到后期一般呈粉红色。

'烽火'绣球
Hydrangea macrophylla 'Leuchtfeuer'

大花型品种。花序拖把头型，大且饱满，直径达 20 cm。单瓣花；花瓣顶部渐尖；花初开时浅粉红色，开到中期时砖红色，花内有黄绿色晕染。

'魔幻珊瑚'绣球
Hydrangea macrophylla Magical Coral ('Hokomac')

花序拖把头型，饱满，直径达 20 cm。单瓣花，边缘光滑；从初花期到盛花期，花呈现不同的色彩，有黄绿色、粉红色、红色等。

'完美玛丽斯'绣球
Hydrangea macrophylla 'Mariesii Perfecta'

花序地中海型，平展；花梗长 2～3 cm。边花为单瓣花，花瓣边缘光滑；初开时粉红色，内有浅粉红色晕染。

'塔贝'绣球
Hydrangea macrophylla 'Taube'

叶片有褐色斑块分布。花序地中海型，平展；边花花梗较短。边花为单瓣花，花瓣边缘光滑；初开时外侧粉红色，内有浅蓝色晕染；开到后期时会根据土壤的酸碱度表现为粉红色至蓝色（在上海一般为粉红色至浅蓝色）。

'狐狸'绣球
Hydrangea macrophylla 'Zorro'

茎秆黑色为主。花序地中海型，平展；边花花梗较短。边花为单瓣花，花瓣边缘光滑；初开时外侧粉红色，内有浅蓝色晕染。

金丝桃科 Hypericaceae

'天赋异禀'浆果金丝桃 Hypericum androsaemum 'Excellent Flair'

常绿或半常绿灌木。茎红色，叶互生。花金黄色，较小；浆果，红色。花期为6—8月，果期为9—12月。

喜阳光充足、温暖的环境，以及湿润但排水良好的土壤，耐半阴。应用于花境、绿篱，果实常用于插花花艺。

冬绿金丝桃 Hypericum calycinum

常绿或半常绿小灌木，植株高0.5～2 m。茎多分枝，小枝纤细。叶对生；叶片长椭圆形，全缘，在低温下为红褐色。聚伞花序顶生或腋生，常3～7朵花着生在枝顶；花金黄色，直径1.5～6.5 cm；花瓣5枚；雄蕊多数，比花瓣长。花期为4—7月。

喜阳光充足、温暖的环境，以及湿润但排水良好的土壤，耐半阴。应用于地被、林下、花境、岩石园等。

'格莫'美洲金丝桃 Hypericum kalmianum 'Gemo'

常绿灌木，植株高约1.5 m，冠幅约2 m。叶对生；叶片狭线形，较厚。花期为6—7月。

喜阳光充足的环境和中等湿度、肥沃的砂质土壤，耐半阴，较耐旱。耐修剪，每2～3年应修剪1次，防止枝条老化。春季应注意防治嫩枝上的蚜虫。应用于花坛、花境、岩石园，也可用作蜜源植物。

鼠刺科 Iteaceae

北美鼠刺 *Itea virginica*

半常绿灌木。小枝下垂。叶互生；叶片在春夏季呈绿色，在秋冬季呈鲜红色或橙色。穗状花序顶生；花微小，浅黄色，有蜂蜜香味。花期为4—5月。

稍耐阴，耐寒；耐旱，对土壤要求不高，适应能力较强。应用于花境、绿篱、孤植等。

唇形科 Lamiaceae

穗花牡荆 *Vitex agnus-castus*

灌木。小枝四棱形。掌状复叶，有小叶 4～7 枚；小叶狭披针形，有短柄或近无柄；通常全缘，基部楔形，顶端渐尖；绿色，背面密布灰白色绒毛和腺点。聚伞花序排列成圆锥形；苞片线形；花冠蓝紫色，外面有毛和腺点。果实圆球形。花期为 7—8 月。

适应性强，耐旱，耐瘠薄，耐盐碱；耐寒，我国大多地区都能栽培。应用于花境、庭院、道路绿化或大型容器盆栽。

'宽叶'穗花牡荆
Vitex agnus-castus **'Latifolia'**

灌木，植株高 2～3 m。叶片较宽。花蓝紫色。

粉花穗花牡荆
Vitex agnus-castus **'Pink Pinnacle'**

紧凑的中小型落叶灌木。在夏末盛开浓密而明亮的粉红色花朵。

适应各种土壤类型和生长条件，抗病虫害。

单叶蔓荆 *Vitex trifolia* subsp. *litoralis*

落叶灌木。茎匍匐，茎节处常生不定根。叶对生；叶片长2.5～5 cm，宽1.5～3 cm，倒卵形或近圆形，全缘，基部楔形，顶端通常钝圆或有短尖。圆锥花序顶生，花序梗有浓密的灰白色绒毛；花萼钟形，花冠淡紫色或蓝紫色。核果近圆形，成熟时黑色。花期为7—8月，果期为8—10月。

喜阳光充足的环境和排水良好的土壤，耐旱，耐瘠薄，耐盐碱；耐寒，我国大部地区可栽培，尤其适用于海滨城市和盐碱地的绿化。应用于岩石园、片植。

千屈菜科 Lythraceae

紫薇 *Lagerstroemia indica*

落叶灌木或小乔木，植株高达7 m。树皮平滑，灰色或灰褐色；枝干多扭曲；小枝具四棱，略成翅状。叶大多互生；叶片纸质，椭圆形。圆锥花序着生在当年生枝条的顶端，长7～20 cm；花色有玫红、大红、深粉红、淡红、紫、白等。花期为6—10月。

喜阳光充足、暖湿的环境，以及深厚、肥沃的砂质土壤，耐旱，忌涝。萌蘖性强，应用于庭院、道路绿化、立体绿化、孤植、盆栽。

'红色火箭'紫薇
Lagerstroemia indica Red Rocket ('Whit Ⅳ')

灌木或小乔木。新叶、新枝酒红色；老叶绿色，略带红晕，叶片椭圆形。叶芽在开花前为深红色，开花时变成樱桃红。圆锥花序，形如火箭，长达25～50 cm；花色鲜红。开花后及时修剪可促进多次开花。

木兰科 Magnoliaceae

阔瓣含笑
Michelia cavaleriei var. *platypetala*

常绿乔木，植株高约20 m，胸径达50 cm。嫩枝、嫩芽、嫩叶均有红褐色的绢毛。叶片薄，革质；叶柄长1～3 cm，有红褐色的平伏毛。花被片9枚，白色，外轮倒卵状椭圆形或椭圆形，中轮稍狭；内轮狭卵状披针形，宽1.2～1.4 cm。花期为3月，果期为8—9月。应用于庭院、道路绿化、孤植、片植。

望春玉兰 *Yulania biondii*

落叶乔木，植株高约12 m，胸径达1 m。树皮淡灰色，光滑；小枝细长，灰绿色。叶片椭圆状披针形、狭倒卵形或长卵形，基部宽楔形。花淡红色，基部具叶状苞片。果实红色，卵圆形；种子心形，外种皮鲜红色，内种皮深黑色。花期为3月，果期为9月。

喜光，不耐阴，耐水湿；对土壤要求不高，酸性、碱性土壤均能适应，栽培以湿润、肥沃、深厚的砂质土壤为宜。应用于庭院、道路绿化、孤植、片植。

'红吉星'玉兰 Yulania × soulangeana 'Red Lucky'

半常绿灌木或小乔木，株型紧凑，绿叶期长。叶片革质，深绿色。花深红色或鲜红色，花叶同放，花期为3月中下旬至5月中下旬。二次花红色，略淡，花期为6月中下旬至10月中下旬，上海主要在7—8月。玉兰属和含笑属远缘杂交品种，习性及性状更接近玉兰属。

星花玉兰 Yulania stellata

又称日本毛木兰、重花辛夷。落叶灌木，植株低矮；树冠饱满，分枝密集；根系较浅。与玉兰属其他种相比，星花玉兰最明显的特征是整朵花呈星芒状，花被片倒卵形。开花整齐，花量大，花白色或粉红色。花期为3—4月。

移栽较其他玉兰易成活，缓苗期短。应用于专类园、庭院、花境、盆栽。

'玫红'星花玉兰
Yulania stellata 'Rosea'

星花玉兰粉红色系品种。它既保留了星花玉兰矮灌木的优点，又因玫瑰红色的花而有别于原生种。花期为3—4月。适应性强，表现良好，孤植、丛植、群植均可。应用于专类园、庭院、花境、盆栽。

锦葵科 Malvaceae

木槿 Hibiscus syriacus

落叶灌木，植株高 2～3 m。小枝有浓密的黄色绒毛。叶片菱形至三角状卵形，3 裂或不裂，3 条主脉明显，先端钝，基部楔形，边缘有不整齐的锯齿。花单生于靠近枝顶的叶腋间，钟形，花色有白、淡紫、紫红等。花期为 6—10 月。

喜光，耐半阴，耐旱，耐贫瘠，对土壤要求不高，抗性较强。重要的观花灌木，应用于庭院、道路绿化、花境、盆栽。

'敏柔莎'木槿
Hibiscus syriacus 'Minrose'

植株直立、紧凑。单瓣花，一般为粉红色，遇高温变为紫红色，花量大。

花叶木槿
Hibiscus syriacus 'Variegata'

叶片有黄色斑块，很具观赏性。重瓣花，深紫红色，花苞不完全开放。

高砂芙蓉 Pavonia hastata

落叶小灌木，植株高 1～1.5 m。叶片长圆状披针形至卵形，基部戟形，叶缘有锯齿。花瓣 5 枚，薄纸质，白色，带淡粉红色；基部暗红色。花期为 8—9 月。

喜阳光充足的环境，以及肥沃、排水良好的土壤；耐热，不耐寒。应用于花境、岩石园、旱溪，也可片植。

桃金娘科 Myrtaceae

美花红千层 *Melaleuca citrina*

常绿灌木或小乔木，植株高 3～5 m。嫩枝和嫩叶有白色柔毛。叶互生；叶片条形，稍宽。穗状花序，花多数，密生。花红色，无梗；萼筒钟形。花期为 4—5 月。

喜阳光充足、温暖湿润的环境，以及肥沃的酸性土壤，不耐低温，耐旱，耐瘠薄。应用于庭院、道路绿化、孤植、绿篱。

垂枝红千层 *Melaleuca viminalis*

常绿灌木或小乔木，植株高 4～6 m。树皮暗灰色，不易剥离；枝条自然下垂，嫩枝和嫩叶有白色柔毛。叶互生；叶片条形，长 3～8 cm，宽 2～5 mm。穗状花序，花多数，密生。花红色，无梗；萼筒钟形；子房下位。蒴果顶端开裂，半球形，直径约 7 mm。花期为 4—5 月，开花时间长；果期为 8 月。

喜阳光充足、温暖湿润的环境，耐热，也耐 -5℃低温。应用于庭院、道路绿化、孤植、群植。

木樨科 Oleaceae

北美流苏树 *Chionanthus virginicus*

落叶灌木或乔木。叶对生,具柄;叶片全缘或具小锯齿。圆锥花序,由前一年生的枝梢的侧芽抽生。花两性,或单性雌雄异株;花萼深4裂;花冠白色,花冠管短;裂片4枚,深裂至近基部,裂片狭长,在花蕾阶段呈内向镊合状排列。花期为4—6月。

喜阳光充足、温暖的环境,以及中性和微酸性土壤,较耐阴,耐寒,耐瘠薄,耐旱,不耐水涝。应用于庭院、花境、盆栽。

花叶美国金钟连翘
Forsythia × intermedia 'Golden Times'

金钟花和连翘的杂交品种,集两者优点。早春满枝金黄,艳丽可爱;生长期枝条拱形展开,叶片具黄色花斑,观叶性强。花期为3—4月。

喜光,耐旱,耐寒,耐修剪。应用于花篱、花境、鲜切花。

日本女贞 Ligustrum japonicum

大型常绿灌木，植株高 3～5 m。小枝灰褐色或淡灰色，圆柱形。叶片革质，椭圆形或宽卵状椭圆形，叶缘平或翻卷；正面深绿色，背面黄绿色，有不明显的腺点。圆锥花序塔形，花白色。

稍耐阴。应用于庭院、道路绿化、绿篱、盆栽。

金森女贞
Ligustrum japonicum 'Howardii'

叶缘平或翻卷，新叶金黄色。

银霜女贞
Ligustrum japonicum 'Jack Frost'

叶缘平或翻卷，具黄白色斑块。

海桐科 Pittosporaceae

'矮生'海桐 *Pittosporum tobira* 'Nanum'

紧凑型常绿灌木。植株高约 1 m，冠幅约 1 m。叶片深绿色，匙形，革质，有光泽。伞形花序，顶生或近顶生。花初开时白色，有芳香，后变黄色。花期 3—5 月。

喜全阳或半阴环境，以及肥沃、排水良好的土壤。适应性强，耐寒，耐盐，适合海滨种植。管护简单，但需定期修剪以保持紧凑的冠型。主要应用于花境、岩石园、盆栽。

山龙眼科 Proteaceae

桧叶银桦 *Grevillea juniperina*

常绿灌木，植株高 1～2 m，自然生长时成球形。叶呈针状。花红色，花被管长约 1 cm，顶部卵球形，下弯。花期为 3～8 月。

喜排水良好的土壤，耐夏季高温。应用于庭院、花境、盆栽。

蔷薇科 Rosaceae

'粉红夫人'华丽木瓜 *Chaenomeles* × *superba* 'Pink Lady'

落叶灌木，植株高约 1 m。枝干开展，刺多。叶互生；叶片长约 5 cm，有光泽，倒卵形。花单生或簇生，杯形；花瓣 5 枚，深粉红色。花期为 3—4 月，花量大，开花繁密。果期为 9—10 月，成熟时黄色，有香味。

高峰海棠 Malus 'Evereste'

落叶小乔木，树冠圆锥形，株高 5～6 m。单瓣花，花蕾红色，开放后白色，直径 4.5～5.0 cm。果实黄色至橙红色，可宿果越冬。花期为 4 月中上旬，花量大。果期为 9—10 月，果实多，挂果期长。适应性很强。

湖北海棠 Malus hupehensis

落叶乔木，树形开展，植株高 5～8 m。叶片卵圆形至卵状椭圆形，边缘有细的锐锯齿。伞房花序，具花 4～6 朵。花直径 3.5～4 cm，粉白色或近白色；萼片三角形，略带紫色，与萼筒等长或稍短。果椭圆形或近球形，直径约 1 cm，未成熟时黄绿色，成熟后为橙黄色。花期为 4 月下旬，开花繁密。果期为 9—10 月，果量大，挂果期长。

'路易莎' 海棠 Malus 'Louisa'

垂枝型落叶乔木，植株高 3～4 m。叶互生，嫩绿色，有光泽。伞房花序，具花 3～5 朵；花有芳香，花瓣 5 枚，粉红色带白色条纹。4 月上旬为盛花期，花量大。果实成熟时黄色，直径 1～2 cm。

'草原火'海棠 Malus 'Prairiefire'

落叶乔木，植株高 3～5 m。新叶亮酒红色，成熟叶呈带紫晕的橄榄绿色。花蕾红色，花开时深紫红色。4月上中旬为盛花期，开花时长10天左右。果实成熟时紫红色，灯笼形，经冬不落。抗病性强。

'雪球'海棠 Malus 'Snowdrift'

落叶乔木。树形整齐，树冠圆形、密集，树干灰白色。小枝紫褐色，有细茸毛。叶片长椭圆形，叶柄具短茸毛。花苞淡粉红色，花白色，花瓣匙状椭圆形。果实较小，球形；幼果绿色，夏季转黄色，秋后橙红色，可食用。花期为4月上中旬。观果期长，从8月持续至冬季，果量大。

喜光照，不耐阴；耐寒，耐瘠薄，耐旱，忌水渍，在微酸和微碱性土壤中均可生长。应用于庭院绿化、行道树。

'春晖'桃李 Prunus × amygdalopersica 'Spring Glow'

落叶小乔木，植株高 7~8 m，冠幅约 3.5 m。树冠呈饱满的卵圆形。叶紫黑色。由扁桃（*P. dulcis*）与桃（*P. persica*）杂交培育而成，花比桃花更大；花色艳丽。花期为 3—4 月。

喜阳光充足的环境，以及肥沃、中等湿度、排水良好的土壤，耐高温和暴晒，不耐阴，较耐旱，不耐修剪。应用于庭院、道路绿化、孤植、群植。

迎春樱 Prunus discoidea

落叶小乔木，植株高 3~4 m，枝条纤细。花先于叶开放，偶尔花叶同开。伞形花序，一般有花 2 朵，偶尔 1 朵或 3 朵；花瓣粉红色，长椭圆形，先端二裂；萼筒钟形。萼筒、花梗和叶片两面都伏生疏柔毛。花期为 3 月。应用于庭院、道路绿化、孤植、群植。

椿寒樱 *Prunus × introrsa*

又称'初美人',由寒绯樱与樱桃杂交而成。树型中等,落叶晚。花冠杯形,在初花期粉红色,在末花期花色变暗;花瓣5枚,椭圆形至卵形,面向内侧弯曲,先端凹。花期为2月下旬至3月上旬,花开时繁密如樱桃花。上海适种的早花品种之一。

河津樱 *Prunus kanzakura* 'Kawazu'

落叶乔木。最早开花的樱花品种之一,在上海的花期为2月下旬至3月中旬。伞形花序;花直径3.5～4.5 cm,3～5朵一束;花瓣5枚,粉红色,近圆形,先端凹缺。树形高大,花色明艳亮丽,先花后叶,花量极大,与椿寒樱、钟花樱一起配置,景观效果极佳。

'郁金'樱 Prunus serrulata 'Grandiflora'

日本古晚樱品种之一，因花色似姜黄植物（郁金）而得名，其独特的淡黄绿花色罕见。花直径3～4 cm；花瓣8～20枚，外侧花瓣黄绿色，端部带红紫色；内侧花瓣微淡黄绿色，有时边缘有淡绿色齿状褶皱，开花后期颜色加深。花期为4月上旬至中下旬。应用于庭院、孤植、群植等。

染井吉野 Prunus × yedoensis 'Somei-Yoshino'

又称东京樱花。花先于叶开放；花瓣5枚，微淡粉红色；萼筒管状，萼筒和花梗有浓密的短柔毛。在我国长江中下游地区，花期为3月下旬至4月初。近十年通过快速推广，已成为上海早樱主流品种。

现代月季 *Rosa* cvs.

蔷薇科蔷薇属的落叶或常绿灌木。叶互生；单叶或奇数羽状复叶，大多数有皮刺、针刺或刺毛。花单生，或数朵组成伞形花序、伞房花序或圆锥花序，花色丰富。一般一年只开一次花，也有二次开花和连续多次开花的类型。全球有 40 000 多个月季品种，性状和适应性差异较大。上海园林绿化中常用的月季品种有'仙境'月季、'安吉拉'月季、'大游行'月季、'红双喜'月季等。

喜阳光充足的环境，以及排水良好、富含有机质、中性或微酸性的土壤。适宜的生长温度为白天 18～25℃，夜间 10～15℃，温度过高或过低时生长减缓或停止；在冬季低于 5℃时休眠。主要繁殖方法是扦插和嫁接。应用于盆栽、花坛、花境、花墙、花架、花柱、专类园。

'安吉拉'月季
Rosa Angela ('KORday')

目前国内应用最广的藤本月季之一。植株高，半直立；枝条粗壮，覆盖面广。叶片翠绿色，有光泽，圆形。刺中等大小，浓密，有钩刺。花直径 3～4 cm，粉红色为主，中心色稍淡；花瓣约 10 枚，卷边盘状型，花蕾圆尖形；花量大，开花时间长，有温和的果香。耐半阴，耐旱，抗病虫害能力较强。应用于花墙、立体绿化。

巴比伦眼睛系列月季
Rosa Babylon Eyes

共有 12 个品种，每个品种各有特色，但都有对比强烈的中心色斑。花量多，开花时间长，色彩组合丰富，可重复盛开，并且花色由深到浅不断变化。

'蓝色梦想'月季
Rosa **Blue for You ('PEJamblu')**

丰花月季。植株半直立。叶绿色，有半光泽，椭圆形。刺中等大小，浓密，有斜直刺。半重瓣花杯状，直径5～6 cm；花瓣9～16枚，颜色先淡紫色，后变为石板蓝，中心有白色；有浓郁的水果香味。花集群盛开，开花时间长，重复开花，是蓝紫色系月季中长势和抗病性最强的品种之一。

'黄金庆典'月季
Rosa **Golden Celebration ('AUSgold')**

灌木月季。植株中等大小；枝条较柔软，绿色。叶中绿色，有光泽。刺大而少，有斜直刺。花杯形，直径8～12 cm；花瓣55～75枚，金黄色；初期有茶香味，后有酒香味。开花不断，开花时间长。应用于花坛、花境、庭院。

'绯扇'月季
Rosa **Hi-Ohgi**

杂交香水月季。植株直立，枝条粗壮，分枝性好。成熟叶片绿色，有光泽，而嫩叶、嫩刺、嫩枝都为暗红色。高杯状花型，花朱红色，直径12～14 cm，有淡香味；花瓣40～45枚，微卷，外缘橘黄色。每朵花开放8～10天。长势强健，抗病能力强。应用于花境、盆栽。

'亚历山德拉公主'月季
Rosa **Princess Alexandra of Kent ('AUSmerchant')**

灌木月季。植株高约1.5 m，冠幅约1 m。叶绿色，有光泽。花深粉红色，直径7～8 cm；花瓣40～45枚，排列整齐；有强烈的柠檬和茶香味。开花不断。适用于花坛、花境和庭院。

'印象派'月季
Rosa **The Impressionist ('CLEpainter')**

藤本月季。植株直立，高达4m。长势强健，枝条粗壮。叶深绿色，有光泽，刺大但稀少。花橘黄色，直径8～10cm；花瓣40～45枚，具有温和的玫瑰香味。花大，较耐晒；不仅顶端开花，而且沿枝条一直开到上面，是藤本月季中花量最大的品种之一。

'茶花女'月季
Rosa **Traviata ('MEIlavio')**

杂交香水月季。植株高60～150cm，直立性好。重瓣花，杯状花型，花暗红色，直径8～9cm，呈四等分式开放；花瓣60～70枚，黄色花蕊微露；有淡果香。开花不断，抗病性强。应用于花坛、花境、庭院、盆栽、切花。

'重瓣'李叶绣线菊
Spiraea prunifolia **'Pleniflora'**

落叶灌木，植株高约1.5m，冠幅约1.5m。株型饱满，伞形；小枝细长。叶片卵形至长圆状披针形，具羽状脉；嫩叶正面和背面都有少量短柔毛，老叶仅背面有短柔毛；叶柄有短柔毛。伞形花序，无总梗，有花3～6朵；重瓣花，白色，直径约1cm。花期为3—4月。

喜阳光充足的环境和中等湿度、排水良好的土壤，不喜阴，耐高温和暴晒，较耐旱。不耐修剪。应用于道路绿化、庭院角落孤植、群植。

无患子科 Sapindaceae

'普罗提'红花七叶树 *Aesculus* × *carnea* 'Briotii'

由欧洲七叶树（*A. hippocastanum*）和北美红花七叶树（*A. pavia*）杂交而来。落叶乔木，植株高达 25 m。树皮灰褐色，片状剥落。小枝粗壮，栗褐色，光滑无毛。掌状复叶，小叶 5～7 枚；叶初春时红色，盛夏时深绿色，秋季则为金黄色。圆锥花序，顶生，开花时缀满树冠；花大，深粉色至玫瑰红。花期 4—5 月。获英国皇家园艺学会"花园优异奖"。

喜阳光，稍耐阴，耐寒。喜排水良好的土壤，抗旱能力较强。主要应用于行道树、庭院。

玄参科 Scrophulariaceae

互叶醉鱼草 *Buddleja alternifolia*

落叶灌木，植株高 1～4 m。长枝对生或互生，上部常呈弧状弯垂；短枝簇生，常有星状短绒毛。叶在长枝上互生，在短枝上簇生；长枝上的叶片披针形或线状披针形，花枝或短枝上的叶片很小，椭圆形或倒卵形。花多朵簇生，或组成圆锥状聚伞花序；花序较短，长 1～4.5 cm，宽 1～3 cm，常密集生长在二年生的枝条上。花萼钟形，具四棱；花冠紫蓝色；花有芳香。花期为 5—7 月。

喜阳光充足、温暖的环境，稍耐寒，耐旱，在肥沃、湿润、排水良好的土壤中生长旺盛，根部萌芽力很强。应用于庭院、花境。

'花之力量'醉鱼草 *Buddleja* 'Flower Power'

半落叶或落叶灌木。嫩枝、叶柄、花序、苞片和小苞片均有浓密的星状短绒毛和腺毛。叶对生；叶片膜质至薄纸质，狭卵形、狭椭圆形至卵状披针形，偶尔宽卵形。总状或圆锥状聚伞花序，顶生；花冠初开时紫色，后变为橙紫色；花喉橙黄色；花有芳香。

喜阳光充足、温暖的环境，稍耐寒，耐旱，在肥沃、湿润、排水良好的土壤中生长旺盛，根部萌芽力很强。应用于庭院和花境。

省沽油科 Staphyleaceae

羽叶省沽油 Staphylea pinnata

落叶灌木，植株高 3～4.5 m。羽状复叶，有小叶 5～7 枚；小叶椭圆形，长约 10 cm。圆锥花序，长约 12.5 cm，有小花 10～20 朵。小花直径约 1 cm；花瓣白色，萼片带粉红色。蒴果膨大，纸质，2～3 裂，成熟时黄褐色；种子红色。花期 4—5 月。

喜阳，也耐阴，适宜于酸性或偏酸性土壤。应用于花园、庭院。

安息香科 Styracaceae

美洲安息香 Styrax americanus

灌木，植株高 1～2 m。嫩枝纤弱，扁圆柱形，具沟槽；老枝圆柱形，直立或蜿蜒，紫红色。叶互生，叶片纸质。总状花序顶生，有花 3～5 朵；花白色，钟形下垂，有轻微芳香；花瓣 5 枚，反折。果实近球形，秋天成熟时灰褐色。花期为 4—6 月。

适宜在富含有机质、中等湿度、排水良好的酸性土壤中生长。通过种子或扦插繁殖，冬天宜适时修剪。应用于花境、庭院、盆栽。

柽柳科 Tamaricaceae

柽柳 Tamarix chinensis

又称垂丝柳、西河柳、西湖柳、红柳、阴柳。乔木或灌木，植株高 3～8 m。根深，主侧根都极为发达，萌芽力强。嫩枝纤细、稠密，红紫色或暗紫红色，有光泽，悬垂；老枝直立，暗褐红色，光亮。总状花序，长约 35 cm，疏松而通常下弯；花瓣粉红色。花期 4—9 月。

喜光，不耐阴；耐高温和严寒，耐旱和水湿；耐盐碱。耐修剪。应用于园林绿化、庭院。

山茶科 Theaceae

束花山茶 *Camellia* (Cluster-flowering Group)

  以山茶属（*Camellia*）红山茶组、后生山茶亚属、连蕊茶组、毛蕊茶组等小花、密花的原生种资源为亲本所培育的后代，花小、花密、花香等性状是其最具辨识度的特征。在上海培育的束花茶花品种中，已规模化应用的主要有红山茶组品种与后生山茶亚属野生资源杂交获得的'玫玉'、'玫瑰春'和'小粉玉'3个品种。它们均表现为植株直立、株型紧凑，应用于花篱、绿篱、家庭盆栽、造型盆栽。

'玫瑰春'束花茶花
Camellia 'Meigui Chun'

  嫩叶红褐色；成熟叶片浓绿色，长6.5～7.5 cm，宽3～3.5 cm。半重瓣花，顶生或腋生，直径2～4 cm，玫瑰红色，花瓣9～11枚。花期为2月下旬至4月。

'玫玉'束花茶花
Camellia 'Meiyu'

  嫩叶红色或红褐色；成熟叶片绿色或浓绿色，长6.5～7.5 cm，宽3～3.5 cm。单瓣花，顶生或腋生，直径2.5～3.5 cm，玫瑰红色。花期为1—3月。

'小粉玉'束花茶花
Camellia 'Xiao Fenyu'

  嫩叶红褐色；成熟叶片浓绿色，长6.5～7.5 cm，宽3～3.5 cm；冬季叶片赭色。单瓣花，顶生或腋生，直径2～3.5 cm，粉白色，花瓣5枚，有淡香。花期为2—4月。

瑞香科 Thymelaeaceae

芫花 *Daphne genkwa*

落叶灌木,植株高 0.5～1 m。树皮褐色,无毛;分枝多,小枝圆柱形,干燥后多具皱纹。嫩枝黄绿色或紫褐色,有浓密的淡黄色丝状柔毛;老枝紫褐色或紫红色。叶对生,稀互生;叶片纸质,卵形、卵状披针形至长椭圆形。花比叶先开放,紫色或淡蓝紫色,常 3～6 朵簇生于叶腋或侧生。花期为 3—5 月。

喜温暖的环境,耐旱,怕涝,栽培以肥沃、疏松的砂质土壤为宜。应用于庭院、盆栽。

8 水生花卉

泽泻科 Alismataceae

窄叶泽泻 *Alisma canaliculatum*

多年生挺水植物。挺水叶片披针形，稍呈镰状弯曲；叶脉通常3～5条。花两性，白色，外轮花被片长圆形，内轮花被片近圆形；花药黄色。种子深紫色。花果期为5—10月。生长在湖泊、河流、水塘等湿地浅水区域，喜光、喜肥；适宜在淤泥中种植。

膜果泽泻 *Alisma lanceolatum*

多年生挺水植物。沉水叶片少数，线状披针形；挺水叶片多数，披针形或宽披针形，长9～13 cm，叶脉5～7条。花两性，外轮花被片宽卵形，内轮花被片近圆形。种子黑紫色。花果期为6—9月。生长在湖边、河湾、沟溪、沼泽等水域的浅水处。

日本慈姑 *Sagittaria trifolia*

多年生挺水植物。沉水叶片披针形；挺水叶片箭形，长3～10 cm。总状花序，具2～6轮挺水的花；花单性，外轮花被片绿色。花果期为5—9月。生长在湖泊、河流、水塘等湿地浅水区域，喜光、喜肥；适宜在淤泥中种植。

桔梗科 Campanulaceae

半边莲 *Lobelia chinensis*

多年生挺水植物。半直立，茎可分支，无毛。叶互生，无柄或近无柄；叶片长椭圆形至披针形或线形。花冠粉红色或白色，长 1～2 cm。蒴果倒锥形，种子椭圆形。花期为 5—12 月。可栽植在水边、沟边和潮湿草地上，用于湿地的生态恢复。

莎草科 Cyperaceae

萤蔺 *Schoenoplectiella juncoides*

多年生挺水植物。秆直立，圆柱形；无叶片。小穗卵形或长圆状卵形，鳞片宽卵形或卵形，背面绿色，两侧有棕色条纹。坚果小，倒卵形或宽倒卵形。应用于浅水区域。

北水毛花 *Schoenoplectus mucronatus*

多年生挺水植物。秆三棱形，鳞片宽倒卵形，有凹陷。花药短，长约 0.8 mm。坚果小，倒卵形，表面有明显的皱纹。花果期为 5—8 月。可栽植在湿地中，用于水景绿化。

金丝桃科 Hypericaceae

黄海棠 *Hypericum ascyron*

多年生挺水植物。茎有四棱。叶披针形、长圆状披针形、长圆状卵形或椭圆形。花大，黄色，萼片5枚。蒴果卵球形。花果期为6—9月。适合在溪旁、河岸等湿地栽植。

水韭科 Isoetaceae

高寒水韭 *Isoetes hypsophila*

多年生挺水植物。株型小，高3～6 cm。根茎块状。叶多数，聚生于块茎上，基部以上鲜绿色。孢子囊矩圆形，单生于叶基部，黄色，其中大孢子囊生于外围叶基部，小孢子囊生于内部叶基部。

灯芯草科 Juncaceae

灯芯草 *Juncus effusus*

植株高50～150 cm，丛生。秆圆柱形，秆内充满乳白色的轻髓。叶退化，芒刺状，其中植株下部有鳞片状鞘叶；叶主要为蓝绿色，基部叶紫褐色或淡褐色；叶鞘先端尖。聚伞花序，淡黄色，从距植株顶端5～20 cm处生出，假侧生。花期5—6月，果期7—8月。

适应范围广，既可水生，也可旱地种植。应用于岩石园、花境或室内盆栽。

'蓝标'灯芯草
***Juncus effusus* 'Blue Dart'**

植株高35～40cm，冠幅25～30cm。叶直线形，蓝绿色，往往垂直向上生长。与灯芯草其他品种相比，该品种叶的蓝绿色更深，生长更快，表现更稳定。主要应用于小型容器栽植和地栽，可增添质感。

唇形科 Lamiaceae

水薄荷 *Mentha aquatica*

多年生草本，植株高 50～150 cm。茎直立。叶对生；叶柄长 2～15 mm，叶片长卵形至椭圆状披针形，长 3～7 cm，先端锐尖，基部宽楔形，边缘具细尖的锯齿。花冠淡紫色或粉红色。花期为 8—10 月。应用于水体绿化、庭院水景等。

豆科 Leguminosae

水生含羞草 *Neptunia aquatica*

多年生湿生植物。茎漂浮于水中时会变白、蓬松。叶类似陆生的含羞草，对震动敏感，轻微碰触就闭合；叶片对生于叶柄两侧。花黄色，簇生。花期集中于夏季。

喜温暖环境，不耐低温，可耐部分遮阴。在上海可季节性进行室外应用。

莲科 Nelumbonaceae

莲 *Nelumbo nucifera*

多年生挺水植物，又称荷花。国内外栽培品种近 2 000 个。上海引种的荷花品种约有 800 个，其中食用型的莲藕品种 9 个，主要分布在崇明、青浦、松江等地，以"鄂莲"系列为主；观赏品种均分布在城市公园和风景区。

喜阳光充足、高温的环境，以及肥沃（富含有机质）、疏松的轻黏土或酸性土壤，不耐阴，在 pH 值为 6～8 时可正常生长，但在瘠薄、板结的土壤中生长较差。可单独造景，也可与园林建筑、园林小品、时令花草搭配。

'大黄蜂'莲
Nelumbo 'Da Huangfeng'

大中型品种，缸栽植株高约 1 m。叶片光滑。单瓣花，显著高于叶面，近飞舞状；花大，直径 26～27 cm，有花被片 24～25 枚，黄色。几乎不结实。花期为 6—9 月。

'金福娃'莲
Nelumbo 'Jin Fuwa'

小型品种，植株高约 0.8 m。立叶少，叶片光滑。单瓣花，碗状，显著高于叶面，直径 8～10 cm，有被片 21～24 枚，淡黄色。不结实。花期为 6—8 月。

'变脸'莲
Nelumbo 'Bian Lian'

大中型品种，缸栽植株高约 1 m。叶片稍微粗糙。单瓣花，碗状，显著高出叶面，直径 15～25 cm，有花被片 21～25 枚；复色，主要由粉红、黄、白三色组成；开花过程中花被片颜色变化显著，第一天以粉红为主，第二天颜色变淡，第三天接近白色。结实率低。花期为 6—8 月。

'凫鸳秀羽'莲
Nelumbo 'Fuyuan Xiuyu'

中型品种，缸栽植株高约 0.7 m。叶片稍微粗糙。重瓣花，近碟形或碟球形，显著高于叶面，直径 16～23 cm，有花被片约 120 枚，复色。几乎不结实。花期为 6—9 月。

'辰山飞燕'莲
Nelumbo nucifera 'Chenshan Feiyan'

山东微山湖野生红莲的莲子辐射育种产生的变异后代。中型品种，缸栽植株高约 1 m，叶片粗糙。单瓣花，飞舞状，直径 11～15 cm，有花被片 20～23 枚，紫粉红色。花少，不结实。花期为 6—8 月。

睡莲科 Nymphaeaceae

睡莲类 *Nymphaea* cvs.

睡莲属（*Nymphaea*）均为多年生浮叶植物，全世界共有 50 余种，分为耐寒睡莲和热带睡莲两个生态类型。睡莲分布极广，除南极洲外，世界各大洲均有分布。

'夹克丰'睡莲
Nymphaea 'Jakkaphong'

中型品种，于 2017 年荣获国际睡莲水景园艺协会最佳新品种冠军和最佳耐寒睡莲冠军。花瓣红白相间，花色、姿态俱美，观赏价值高。应用于水缸、水池、鱼塘。

'天琴座'睡莲
Nymphaea 'Lyra'

花瓣蓝紫色，有褶皱；花蕊深黄色。该品种于 2018 年 11 月在国际睡莲水景园艺协会登录。

'仲夏'睡莲
Nymphaea 'Midsummer'

大中型品种。花呈星芒放射状，直径约 14 cm；花瓣较狭长，粉红色并有紫色斑点或条纹。该品种于 2018 年培育成功。

'情人节'睡莲
Nymphaea 'Valentine'

中型品种，于 2015 年荣获国际睡莲水景园艺协会最佳热带睡莲冠军。叶色斑驳，叶表面有暗红色斑块。花色深红。

喜阳光充足、高温的环境，以及肥沃（富含有机质）、松软的淤泥，一般每天需 7～8 小时的光照，在上海不能自然越冬，需保持水温 15℃ 以上。应用于水缸、水池、鱼塘。

'万维莎'睡莲
Nymphaea 'Wanvisa'

中型品种，于 2010 年荣获国际睡莲水景园艺协会最佳新品种冠军和最佳耐寒品种冠军。嫩叶正面绿色，有紫褐色斑纹，背面微红，有锈斑；成熟叶正面绿色，有褐色斑纹，背面微红，有锈斑。花露出水面；花柄绿色，有毛；花色一般为玫红，有黄色斑纹或斑块。着花繁密，花色、姿态俱美，观赏价值高，在上海表现良好。

喜阳光充足、高温的环境，以及肥沃（富含有机质）、松软的淤泥，一般每天需 7～8 小时的光照，土壤 pH 值为 6～8 时可正常生长，在上海能自然越冬。应用于水缸、水池、鱼塘。

王莲 *Victoria amazonica*

浮叶植物，在原产地为多年生，常作一年生花卉栽培。不定根白色，茎短缩。单朵花开放时间为 2 天，初开时白色并有浓香，次日转为红色或粉红色，第三天沉入水下。花期为 8—9 月。

喜阳光充足、高温、高湿的环境，以及肥沃（富含腐殖质）的土壤，特别是幼苗每天需 12 小时以上的光照；适宜生长温度为 18～32℃，低于 15℃时停止生长。叶片巨大，叶形奇特，花香色美。上海从 2012 年开始大规模栽培，常孤植用于观赏。

柳叶菜科 Onagraceae

丁香蓼 *Ludwigia prostrata*

一年生挺水植物。茎直立，常分枝，幼茎和嫩枝有微柔毛或近无毛。叶互生，全缘；叶片披针形或卵状披针形。花两性，单生于叶腋，黄色，无花梗。蒴果圆柱形，略成四棱柱形。栽植于沼泽、沟边阴湿地及浅水中，用于水景展示。

车前科 Plantaginaceae

中华石龙尾 *Limnophila chinensis*

多年生挺水植物。植株下部匍匐，节上生根。叶对生或3～4枚轮生，叶片卵状披针形、线状披针形，偶尔匙形。花单生于叶腋，或排成顶生的圆锥花序；花冠紫红色或蓝色，少数为白色。蒴果宽椭圆形，两侧扁。栽植于浅水等湿地。

大叶石龙尾 *Limnophila rugosa*

多年生挺水植物。茎常不分枝，稍成四方形，无毛。叶片卵形、菱状卵形或椭圆形，边缘具圆齿，常有褶皱。花无梗，无小苞片，花冠紫红色或蓝色。蒴果卵圆形，两侧稍扁，长约5 mm，浅褐色。花果期为8—11月。栽植于沟边阴湿地、浅水中。

蓼科 Polygonaceae

水蓼 *Persicaria hydropiper*

多年生挺水植物。植株高 50～80 cm，茎直立。叶片披针形或椭圆状披针形，先端渐尖，基部楔形。穗状花序，花被有 4～5 处深裂，上部白色或淡红色，椭圆形。瘦果卵形，扁平。不耐旱。应用于河滩、水沟边及山谷湿地。

雨久花科 Pontederiaceae

白花梭鱼草 *Pontederia cordata* 'Alba'

多年生挺水草本，植株高 80～150 cm。不定根须状。地下茎粗壮，地上茎有叶丛生。叶片阔心形或卵状心形。穗状花序，顶生；小花密集，白色。花果期为 6—10 月。

喜静水、缓流、浅塘、水田。应用于水体绿化、水景。

眼子菜科 Potamogetonaceae

蓼叶眼子菜 *Potamogeton polygonifolius*

多年生沉水或浮水草本，根茎发达，淡黄色或稍带红色，常具深色斑点，通常节处生有根须。茎圆柱形；沉水叶草质，具柄，叶片披针形。穗状花序顶生，具花多轮，花被绿色，雄蕊4枚。果实宽倒卵形至近圆形，花果期为7—9月。

喜静水、缓流、浅塘、水田。应用于水体绿化、水族箱、水景、庭院。

竹叶眼子菜 *Potamogeton wrightii*

多年生沉水植物。根茎发达，白色，节上长有根须。茎圆柱形，直径约 2 mm。叶具长柄；叶片条形或条状披针形，长 5～19 cm，宽 1～2.5 cm。穗状花序顶生，具花多轮；花被绿色，雄蕊 4 枚。果实倒卵形。花果期为 6—10 月。

喜静水、缓流、浅塘、水田。应用于水体绿化、水族箱、水景及庭院。

槐叶蘋科 Salviniaceae

槐叶蘋 Salvinia natans

漂浮植物。茎细长，横走，有褐色节状毛，茎叶在一起时形如槐树叶。叶3枚轮生，上面2枚叶漂浮在水面，叶片长圆形或椭圆形，长0.8～1.4 cm，宽5～8 mm，基部圆或稍成心形，全缘，草质，上面深绿色，下面有浓密的棕色绒毛；下面1枚叶（沉水叶）悬垂于水中，细裂成线状，形如须根，有毛，起到根的作用。孢子果，4～8个簇生于沉水叶基部。

喜静水、缓流、浅塘、水田。应用于水体绿化、水族箱、水景、庭院。

香蒲科 Typhaceae

黑三棱 Sparganium stoloniferum

多年生挺水植物。叶片上部扁平，下部背面呈龙骨状凸起或呈三棱形，基部鞘状。圆锥花序开展，具3～7根侧枝，每根侧枝上着生7～11个雄头状花序和1～2个雌头状花序。果实倒圆锥形，上部通常膨大呈冠状，具棱，成熟时褐色。花果期为5—10月。生长在湖泊、河沟、沼泽、水塘的浅水处。应用于水景绿化。

9 应用实例

花　坛

作为一种常见的花卉应用形式，花坛（flower bed）被《简明大不列颠百科全书》简述为"组成装饰图形的花圃"，而《中国农业百科全书（观赏园艺卷）》将其定义为"按照意图在一定形体范围内栽植观赏植物，以表现群体美的设施"。现在常将"花坛"定义为：在具有几何形状或轮廓的种植床内，配植各种不同色彩的园林观赏植物，运用花卉的群体效果来体现图案纹样、色彩变幻或花卉盛开时绚丽景观的应用形式。花坛外形以几何形状为主，选用花期、花色、株型、株高整齐一致的花卉协调配置。花坛具有规则、群体、强调图案（色块）效果等特点。

2010年上海世博会后，花坛在上海的城市公园、街头绿化、城镇化建设和新兴的郊野公园等场所都得到广泛应用。近年来，上海花坛面积常保持在约12万平方米，并有50多座公园连续几年举办花坛技术交流活动。上海公园系统通过每年开展花坛评比，使花坛的应用水平有了显著提高，主要表现在：重视花卉品种的搭配，摒弃非植物材料的装饰，追求园艺之本的造景手法。

上海地区花坛应用的花卉已有30余种，其中常用十大花坛花卉为四季秋海棠、鸡冠花、彩叶草、非洲凤仙、天竺葵、矮牵牛、一串红、孔雀草、美女樱和百日草。上海还不断从适生的花卉中筛选新优品种，以满足花坛应用创新的需求；结合品种选择、育苗和生产技术研究，成功推出一系列花坛花卉品种。例如天竺葵中子星系列，因其株型挺拔、花大和多花，尤其是花色丰富而艳丽，是目前春季大型花坛的主角。再如夏秋花坛中的百日草麦哲伦系列，它是大花型的矮生品种，花量大，花色丰富，比常见的矮牵牛更耐热、更耐雨淋，因而越来越受欢迎。

长风公园的花坛

复兴公园的花坛

浦东世纪公园的花坛

陆家嘴中心绿地的花坛

上海植物园的花坛

上海辰山植物园的花坛

闵行浦江郊野公园的花坛

花　境

　　花境（flower border）模拟天然林地边缘多种野生花卉交错生长的状态，在形状不一的带状人工种植床上，将多年生花卉为主的不同植物斑块状进行自然混交，层次上高低错落，花期上次第交错，形成步移景异的持久性植物景观，是在植物形态、质感、体量、色彩上达到自然和谐的一种园林植物造景形式。

　　上海城市公园和绿地的花境应用逐渐广泛，到2020年年底时花境面积达21.9万平方米。近十年来，上海陆续从国外引进花境植物种类近2 000个，其中常用的有200多个。当前，上海的花境中常用宿根花卉有萱草、火炬花、大花金鸡菊、松果菊、黄金菊、美人蕉、墨西哥鼠尾草、天蓝鼠尾草、有髯鸢尾、山桃草、绵毛水苏、毛地黄钓钟柳等。大量新优多年生草本花卉、一二年生草本花卉和观赏草的引入，为营造自然、精致的花境提供了优良的造景材料。

普陀清涧公园的花境

闸北公园的花境

应用实例

静安中环公园的花境

上海植物园的花境

2021年崇明花博会花境作品（组图）

上海新花卉

首届中国国际花境大赛金奖作品展示

泽颂

事事有莳

泽颂

248

应用实例

光与影

M³花境

花 甸

　　花甸（flower meadow）又称野花草甸、草甸型景观，是通过一二年生、多年生野生草本花卉筛选搭配、混合播种建立的一种模拟自然景观并具良好观赏效果的种植形式，在实际应用中也会搭配部分栽培植物。花甸在国外已有英国伦敦奥林匹克公园、美国纽约高线公园等应用案例。近些年，上海引领了国内花甸景观的研究，对植物搭配方法、种植密度和种植方式等实践取得很好进展，应用规模和影响日益显现。

上海辰山植物园的花甸

应用实例

崇明智慧生态花卉园的花甸

上海迪士尼星愿湖公园的花甸

岩石园

岩石园（rock garden）是以模拟陡坡悬崖、高山植被、峰峦溪流等自然景观，通过营造高山或亚高山的岩生植物的适宜生境，可以欣赏岩生植物多样性和岩石地貌风光的专类园。岩生植物范围广，包括来自高山、沼泽、森林、海边、荒地或草原的一二年生、多年生的草本、灌木和鳞茎植物。由于严酷的气候和恶劣的生长条件，岩石植物常具有矮小、紧密的结构和奇异、有趣的叶片，以及硕大、美丽的花朵。

早在17世纪中叶，欧洲一些植物学家就通过建设高山园，收集并展示阿尔卑斯山上丰富多彩的高山植物，后来也引种一些在非高山地区的岩石缝隙中生长的矮生花卉和灌木。随着园林景观的发展，模仿高山和岩石景观，采用自然式布局，将植物与岩石有机结合的岩石园更趋精致迷人。国内岩石园从庐山植物园、昆明植物园等海拔较高地方起步，但随着应用形式的不断创新，逐渐在上海的园林绿化中得到应用。

崇明智慧生态花卉园中的岩石园（组图）

应用实例

上海吴淞炮台湾国家湿地公园的岩石园

上房园林植物造景科普教育基地的岩石园（组图）

家庭园艺

随着花卉生产的集约化和经营方式的多元化，传统园艺衍生出了许多新形式，如家庭园艺（home gardening）。城乡家庭住宅附近及室内可以进行果蔬、花卉等园艺作物的布置、栽培与管理，而人居环境的不断改善促进了人们更加充分利用阳台、露台、窗台甚至屋顶进行家庭园艺活动。因此，家庭园艺日益成为城市绿化空间的重要组成部分，也是园艺生产服务业的重要内容。

上海市民绿化节和上海家庭园艺展集中体现了上海家庭园艺活动的水平。上海市民绿化节以"园艺进家庭、绿化美生活"为主题，大力推进了家庭园艺产业的"社会化、专业化、市场化"。上海家庭园艺展作为上海市民绿化节的重要品牌活动之一，开创了上海以家庭园艺为主题的先河，普及家庭园艺的基本知识，引导市民参与家庭园艺中，享受园艺的乐趣和绿色、健康的生活。

庭院园艺展示（组图）

阳台和露台园艺展示（组图）

家庭容器园艺展示（组图）

花　箱

花箱（flower box）又称"可移动的迷你小花园"，分为单一植物花箱和组合花箱。其中，组合花箱是两种及两种以上的花卉搭配后栽培在同一个容器内，或通过容器组合的形式聚集摆放在特定空间内、展现精致花卉的创意组合，也是花卉特性与容器美感完美结合的艺术作品。花箱既可以摆放在阳台、庭院，也可以布置在公园绿地、广场、小区、街道等地点。

随着上海城市化的发展，人们对城市面貌有了更高的要求，花箱应用越来越多，起到了美化城市的作用。近年来，花箱已从单一花卉品种种植转向新优花卉品种的综合式发展，温室花卉也逐渐出现在花箱里。例如，在2015年的上海花箱布置行业比赛中，获得冠军的花箱作品里就应用了'中国红'果子蔓；在2018年11月的首届中国国际进口博览会期间，一品红被广泛应用到街头的花箱布置。此外，'阿拉巴马'红掌、'特伦萨'红掌等抗逆性较强的花卉，也出现在重要商业街的户外花箱中。

各种户外花箱（组图）

应用实例

立体绿化

立体绿化（vertical planting）是以建筑物（构筑物）的表面为载体而开展的绿化形式，主要包括屋顶绿化、墙面绿化、檐口绿化、窗阳台绿化、桥柱绿化等形式。

2010年上海世博会的246个展馆中，40%的场馆采用了立体绿化技术，将植物与建筑结合，传达低碳环保的理念；应用的立体绿化植物非常丰富，常用种类近110种。2016年发布的《上海市立体绿化专项实施规划》作为生态空间规划的重要组成部分，被纳入上海城市总体规划和环保三年行动计划，使立体绿化成为上海"十三五"（2016—2020年）发展的重要内容。当前立体绿化在上海城区建设中应用越来越多，特别是在道路、公共绿地、公园、广场等环境的布置。立体花坛、花架与平面绿化相互辉映，依赖植物品种和色彩的变化，提供更加别致的景观。

上海公共场地的立体绿化（组图）

应用实例

259

参考文献

蔡友铭.2001.上海花卉出口前景与对策［C］.第二届全国花卉科技信息交流会，46-53.

蔡友铭.2005.廿年时光三大贡献［J］.中国花卉园艺，（5）：18-19.

蔡友铭.2021.上海花卉·前世今生.中国花卉园艺，（6）：16-21.

蔡友铭，杨波.2003.蓬勃发展的上海花卉业.中国花卉报，2003-09-16 T00版.

陈宝初.2007.上海市花卉产业化研究［D］.南京：南京农业大学（博士学位论文）.

陈俊瑜，余树勋.1996.中国农业百科全书（观赏园艺卷）［M］.北京：农业出版社.

陈渭坤.2003.发挥优势 再谋发展——上海花卉产业现状分析［J］.中国花卉园艺，（8）：4-5.

陈志萍，夏宜平，闵炜，等.2006.上海城市绿地花境应用现状调查研究［J］.江西科学，24（6）：432-435.

程堂仁，王佳，张启翔.2013.发展我国创新型花卉产业的战略思考［J］.中国园林，29（2）：73-78.

崔剑英，王玉书.2020.我国家庭园艺产业背景及现状［M］.黑龙江农业科学，（7）：116-118.

董长根，原雅玲.2013.多年生草本花卉［M］.西安：陕西科学技术出版社.

董丽.2015.园林花卉应用设计［M］.第三版，北京：中国林业出版社.

顾俊杰.2009.上海鲜花港坚持科技创新，发展现代花卉产业［J］.上海农村经济，（4）：30-32，17.

杭烨.2017.新自然主义生态种植设计理念下的草本植物景观的发展与应用［J］.风景园林，33（5）：16-21.

郝培尧.2007.我国新花卉作物资源及其开发利用初探［J］.内蒙古林业科技，（3）：49-52.

贺善安.2005.植物园学［M］.北京：中国农业出版社.

胡长龙.2010.园林规划设计［M］.第三版，北京：中国农业出版社.

黄亦工.1993.岩生植物引种、选择与造景研究［J］.中国园林，9（3）：55-59.

惠昌寿.2012.新花卉研究进展［J］.现代园艺，（16）：24.

建设部城市建设研究院.2002.园林基本术语标准［M］.北京：中国建筑工业出版社.

李冰华，高亦珂.2010.草花混播发展历程研究［J］.北方园艺，（19）：218-220.

李向茂，王延洋，傅徽楠，李莉.2013.上海世博会园区立体绿化植物选择和应用［J］.中国园艺文摘，（7）：63-65.

刘芳，睢志强，王佳佳，等.2007.园林建设中球根植物的应用探讨［J］.北方园艺，（5）：160-161.

刘凤丹，郭亚晶，冯璋斐，等.2019.基于《园冶》图式的现代花坛图案设计［J］.浙江农业科学，60（1）：9-19.

刘卫，姚士宇，梁盛平.2010.城市立体绿化研究［J］.现代农业科技，（4）：278-280.

陆红梅.2016.上海立体绿化三十年回顾——访上海市绿化委员会办公室[J].园林,(1):78-83.

缪珊.2010.我国花卉产业发展现状、趋势及对策[J].农业展望,(9):26-31.

牛颖,韩雪莲.2008.新花卉作物及其资源的开发利用[J].内蒙古林业,(12):36.

韶月.2013.广纳优质品种资源 引领草花产业发展——记2013上海源怡春季花卉品种展示会[J].中国花卉园艺,(10):18-19.

上海市花卉协会.2001.上海花卉业阔步跨入新世纪[J].十五展望,(4):4-6.

沈罗亚.2009.关于发展上海花卉产业的调查和对策建议[J].上海农村经济,(1):17-21.

沈罗亚,李为福,许悦,等.2015.上海花卉产业产销发展现状调研报告[J].上海农村经济,(5):22-25.

沈野磊.2019.上海园林美化新趋势[J].中国花卉园艺,(2):49-51.

史明.2007.上海花卉产业现状及发展对策[D].南京:南京农业大学(博士学位论文).

苏雪痕.1994.植物造景[M].北京:中国林业出版社.

汤珏,包志毅.2005.植物专类园的类别和应用[J].风景园林,(1):61-64.

汤珏.2006.中外岩石园比较及案例研究[D].浙江:浙江大学.

汤珏,包志毅.2008.从国外岩石园的发展看具有中国特色岩石园的建设[J].华中建筑,26(8):102-106.

王春春.2007.上海地区花卉市场的历史成因与发展趋势研究[D].南京:南京农业大学(博士学位论文).

王秋圃,刘永书.1989.岩石园与岩石植物[J].中国园林,(1):43-43.

王秀英.2012.上海立体绿化发展方兴未艾[J].中国花卉园艺,(11):19-20.

吴涤新.1994.花卉应用与设计[M].北京:中国农业出版社.

徐冬梅,姚一麟.2011.华东地区花境植物的选择与基本布置手法[J].林业实用技术,(6):49-51.

严寒冰.2014.上海中心城区(黄浦区)立体花坛应用现状与发展趋势[J].上海建设科技,(4):76-79.

杨莹,李利.2016.多年生草本植物混合种植设计模式研究[J].艺术与设计(理论),2(9):68-70.

袁嘉,杜春兰.2017.新自然主义草本植物景观在城市雨水花园中的应用与设计[J].风景园林,24(5):22-27.

詹姆斯·希契莫夫,希契莫夫·邓内特.张秦英译.2012.2012伦敦奥林匹克公园的生态种植设计[J].中国园林,28(1):39-43.

詹姆斯·希契莫夫.2013.城市绿色基础设施中大规模草本植物群落种植设计与管理的生态途径[J].中国园林,(31):16-26.

张宝鑫.2003.城市立体绿化[M].北京:中国林业出版社.

张平,邓源.2016.上海花卉业发展近况及建议[J].上海农业科技,(2):78-80.

张启翔,潘会堂.2009.中国新花卉作物与城市园林绿化建设[J].中国园林,25(1):71-74.

张秦英,希契莫夫.2012.生态与自然之美:草甸型地被的应用[J].中国园林,28(9):117-120.

张卫东.2016.草花暨花坛花市场下降势头趋缓有望止跌回升.中国花卉园艺,(7):24-25.

张心欣,翟俊,吴军.2018.城市草本植物多样性设计研究[J].中国园林,34(6):100-105.

赵世伟,张佐双.2001.园林植物景观设计与营造[M].北京:中国城市出版社.

中国花卉园艺编委会.2016.立足花坛花境 引领市场消费——2016源怡春季品种展示会暨上海市花协花坛花境专业委员会成立大会举办[J].中国花卉园艺,(10):28-29.

中国科学院中国植物志编辑委员会.1993.中国植物志[M].北京:科学出版社.

中国农垦编委会.1995.绿野芳沁醉意浓——上海农垦迅速发展花卉产业[J].中国农垦,(6):7.

周颖.2015.我国城市家庭园艺模式研究［D］.长沙：中南林业科技大学.

朱玲，刘一达，王睿，等.2020.新自然主义种植理念下的草本植物群落空间研究［J］.风景园林，27（2）：72-76.

朱钧珍，全燕云，阎革.1985.花坛设计与施工［M］.北京：清华大学.

祝丹，张会磊，徐宏浩.2012.国内外城市立体绿化现状的比较研究［J］.沈阳大学学报（社会科学版），14（04）：140-142.

Roh M S, Lawson R H. 1990. New floricultural crops[C] // Janic k J, Simon J E. Advances in new crops. Portland: Timber Press: 448-453.

Titchmarsh A. 1983. The Rock Gardeners Handbook[M]. Portland: Timber Press.